Coleção Eu gosto m@is

ENSINO FUNDAMENTAL

LÍNGUA PORTUGUESA
9º ano

Tânia Amaral Oliveira
Elizabeth Gavioli
Cícero de Oliveira
Lucy Araújo

1ª EDIÇÃO
SÃO PAULO
2012

IBEP

Coleção Eu Gosto Mais
Língua Portuguesa – 9º ano
© IBEP, 2012

Diretor superintendente	Jorge Yunes
Gerente editorial	Célia de Assis
Editora	Nina Basílio
Assistentes editoriais	Ana Latgé
	Érika Domingues do Nascimento
	Karina Danza
Revisão	André Tadashi Odashima
	Karina Danza
	Maria Inez de Souza
Coordenadora de arte	Karina Monteiro
Assistentes de arte	Marilia Vilela
	Tomás Troppmair
Coordenadora de iconografia	Maria do Céu Pires Passuello
Assistentes de iconografia	Adriana Correia
	Wilson de Castilho
Ilustrações	Jótah
	Renato Arlem
Produção editorial	Paula Calviello
Produção gráfica	José Antonio Ferraz
Assistente de produção gráfica	Eliane M. M. Ferreira
Capa	Equipe IBEP
Projeto gráfico	Equipe IBEP
Editoração eletrônica	N-Publicações

CIP-BRASIL. CATALOGAÇÃO-NA-FONTE
SINDICATO NACIONAL DOS EDITORES DE LIVROS, RJ

L727

Língua portuguesa : 9º ano / Tania Amaral Oliveira... [et al.]. - 1.ed. - São Paulo : IBEP, 2012.
  il. ; 28 cm   (Eu gosto mais)

ISBN 978-85-342-3407-8 (aluno) - 978-85-342-3411-5 (mestre)

1. Língua portuguesa - Estudo e ensino (Ensino fundamental). I. Oliveira, Tania Amaral. II. Série.

12-5716.   CDD: 372.6
                                          CDU: 373.3.016:811.134.3

13.08.12   20.08.12   038094

Impressão - Gráfica Impress - Fevereiro 2018

1ª edição – São Paulo – 2012
Todos os direitos reservados

IBEP

Av. Alexandre Mackenzie, 619 – Jaguaré
São Paulo – SP – 05322-000 – Brasil – Tel.: (11) 2799-7799
www.ibep-nacional.com.br editoras@ibep-nacional.com.br

Apresentação

Caro aluno e cara aluna,

Não sabemos quem vocês são, mas imaginamos que estejam curiosos para saber o que lhes trazem as páginas deste livro. Por isso adiantamos algumas respostas. Esta obra foi escrita especialmente para você que gosta de fazer descobertas por meio de trabalhos individuais ou em grupo e de se relacionar com as pessoas ao seu redor.

Para vocês que gostam de falar, de trocar ideias, de expor suas opiniões, impressões pessoais, de ler, de criar e escrever, foram preparadas atividades que, certamente, farão com que gostem mais de estudar português. Estão duvidando disso? Aguardem os próximos capítulos e verão que estamos certos.

Este livro traz algumas ferramentas para tornar as aulas bem movimentadas, cheias de surpresas. Vocês terão oportunidade de ler e interpretar textos dos mais variados gêneros: narrativas de ação, de suspense, de ficção científica, causos, mitos e lendas do Brasil e de outras regiões do planeta, textos teatrais, poemas, textos retirados de revistas e jornais, textos instrucionais, histórias em quadrinhos e muito mais.

Mas não estamos rodeados apenas de textos escritos. Vivemos num mundo em que a imagem, o som e a palavra falada ou escrita se juntam para construir atos de comunicação. Por isso, precisamos desvendar o sentido de todas essas linguagens que nos rodeiam para melhor interagir com as pessoas e com o mundo em que vivemos. Assim, descobriremos os múltiplos caminhos para nos comunicar.

Acreditem: vocês têm uma capacidade infinita e, por isso, a responsabilidade de desenvolvê-la. Pesquisem, expressem suas ideias, sentimentos, sensações; registrem suas vivências; construam e reconstruam suas histórias; sonhem, emocionem-se, divirtam-se, leiam por prazer; lutem por seus ideais, aprendendo a defender as suas opiniões oralmente e por escrito. Não sejam espectadores na sala de aula, mas agentes, alunos atuantes. Assim darão mais sentido às atividades escolares, melhorarão seu desempenho nessa área e, com certeza, descobrirão a alegria de aprender.

Um abraço!

Os autores

Sumário

UNIDADE 1
POR DENTRO DA LITERATURA 10

Para começo de conversa 11

CAPÍTULO 1
DESVENDANDO CONTOS 12

Prática de leitura – Conto 12
Texto 1 – O vagabundo na esplanada 12
   Por dentro do texto 15
   Texto e construção 16

Reflexão sobre o uso da língua
   Vozes do verbo 17
      Aplicando conhecimentos 20

Prática de leitura – Fotografia 23
Texto 2 - Brasileiros 23
   Por dentro do texto 24

Produção de texto 25

Preparando-se para o próximo capítulo 27

CAPÍTULO 2
DESVENDANDO O ROMANCE 28

Prática de leitura – Romance (fragmento I) 28
Texto 1 – A pata da gazela 28
   Por dentro do texto 31

Prática de leitura – Romance (fragmento II) 33
Texto 2 – A pata da gazela (continuação) 33
   Por dentro do texto 34
   Texto e construção 35
   De olho no vocabulário 36

Prática de leitura – Romance (fragmento) 39
Texto 3 – Ana Terra 39
   Por dentro do texto 40

Reflexão sobre o uso da língua
   Frase, oração e período 42
      Aplicando conhecimentos 43

Produção de texto 45

Leia mais 47

Preparando-se para o próximo capítulo 47

UNIDADE 2
IMAGENS, PALAVRAS 48

Para começo de conversa 49

CAPÍTULO 1
AMOR E POESIA 50

Prática de leitura – Poema 50
Texto 1 – Órion 50
   Por dentro do texto 50

Prática de leitura – Romance (fragmento) 52
Texto 2 – O carteiro e o poeta 52
   Por dentro do texto 54

Reflexão sobre o uso da língua
   Conjunções e período 56
      Aplicando conhecimentos 57

Prática de leitura – Poema 60
Texto 3 – Lira do amor romântico ou a eterna repetição 60
   Por dentro do texto 61

Prática de leitura – Poema 64
Texto 4 – Essa que eu hei de amar 64
   Por dentro do texto 65
   Texto e construção 66

Produção de texto 68

Leia mais 69

Preparando-se para o próximo capítulo 69

CAPÍTULO 2
OUTRAS PAIXÕES, OUTRAS LINGUAGENS..70

Prática de leitura – Romance (fragmento).. 70
Texto 1 – O menino sem imaginação.. 70
   Por dentro do texto 73

Prática de leitura – Ensaio (fragmento).. 74
Texto 2 – Fascínio, modelos e linguagem da TV 74
   Por dentro do texto 76

Reflexão sobre o uso da língua
   Orações coordenadas e orações subordinadas..77
   Aplicando conhecimentos 79

Prática de leitura – Sinopse.. 83
Texto 3 – O carteiro e o poeta 83
   Por dentro do texto 84

Prática de leitura – Resenha crítica 85
Texto 4 – O carteiro e o poeta 85
   Por dentro do texto 86
   Texto e construção..87

Reflexão sobre o uso da língua
   Orações coordenadas sindéticas e assindéticas..87
   Aplicando conhecimentos 88

Produção de texto 91

Leia mais 93

Preparando-se para o próximo capítulo 93

UNIDADE 3
FACE A FACE.. 94

Para começo de conversa.. 95

CAPÍTULO 1
AS VÁRIAS FACES DA VIOLÊNCIA 96

Prática de leitura – Artigo de opinião 96
Texto 1 – Paz social 96
   Por dentro do texto 97
   Texto e construção..98

Prática de leitura – Crônica 100
Texto 2 – Assim caminha a humanidade 100
  Por dentro do texto 101
  Texto e construção 102
  De olho no vocabulário 103

Reflexão sobre o uso da língua
  Recursos de coesão 103
  Aplicando conhecimentos 106

Prática de leitura – Artigo de opinião 108
Texto 3 – Superpopulação carcerária 108
  Por dentro do texto 109
  Texto e construção 111

Produção de texto 112

Leia mais 114

Preparando-se para o próximo capítulo 114

CAPÍTULO 2
AS VÁRIAS FACES DO PRECONCEITO 115

Prática de leitura – História em quadrinhos 115
Texto 1 – Recruta zero 115
  Por dentro do texto 115

Prática de leitura – Crônica reflexiva 117
Texto 2 – O carioca e a roupa 117
  Por dentro do texto 118
  Texto e construção 119

Reflexão sobre o uso da língua
  Concordância verbal 120
  Aplicando conhecimentos 121

Prática de leitura – Conto 124
Texto 3 – A família de olhos 125
  Por dentro do texto 125
  Texto e construção 126

Reflexão sobre o uso da língua
  Oração subordinada adverbial 127
  Aplicando conhecimentos 131

Prática de leitura – Propaganda 134
Texto 4 134
    Por dentro do texto 135

Reflexão sobre o uso da língua
    Pontuação das orações subordinadas adverbiais 136
    Aplicando conhecimentos 138

Produção de texto 140

Preparando-se para o próximo capítulo 141

UNIDADE 4
BRASIL, SEU POVO, SEUS DESAFIOS 142

Para começo de conversa 143

CAPÍTULO 1
NA TERRA DO SABIÁ 144

Prática de leitura – Reportagem 144
Texto 1 – Novo estudo corrobora previsão de Amazônia mais quente e seca 144
    Por dentro do texto 145

Reflexão sobre o uso da língua
    Concordância verbal 146
    Aplicando conhecimentos 148

Reflexão sobre o uso da língua
    Orações subordinadas substantivas 151
    Aplicando conhecimentos 153

Prática de leitura – Canção 155
Texto 2 – Brasil 155
    Por dentro do texto 156

Reflexão sobre o uso da língua
    Regência verbal 156
    Aplicando conhecimentos 158

Prática de leitura – Poema 160
Texto 3 – Canção do exílio 160
    Por dentro do texto 161
    Produção de texto 164

Preparando-se para o próximo capítulo 166

CAPÍTULO 2
QUE PROFISSÃO SEGUIR? 167

Prática de leitura – Notícia 167
Texto 1 – Nasa recebe 6.372 inscrições para turma de astronautas de 2013 167
   Por dentro do texto 168

Reflexão sobre o uso da língua
   Concordância nominal 169
   Aplicando conhecimentos 171

Prática de leitura – Entrevista 172
Texto 2 – Marcos César Pontes, um brasileiro conquista o espaço 172
   Por dentro do texto 175

Reflexão sobre o uso da língua
   Regência nominal 176
   Aplicando conhecimentos 177

Prática de leitura – Entrevista 178
Texto 3 – "A escolha da profissão certa significa recompensa em todos os níveis" .. 178
   Por dentro do texto 180
   Texto e construção 181

Reflexão sobre o uso da língua
   Orações subordinadas adjetivas 182
   Aplicando conhecimentos 184

Produção de texto 187

Apêndice 189

Glossário 227

Indicação de leituras complementares 229

Unidade 1

Por dentro da literatura

Nesta unidade, você estudará:

- VOZES DO VERBO

- FRASE, ORAÇÃO E PERÍODO

- JOGO DE OPOSIÇÕES DE IDEIAS E IMAGENS PARA CONSTRUIR SIGNIFICADO

- ESTRUTURA DA NARRATIVA NO CONTO MODERNO

- COMPARAÇÃO ENTRE CONTO E FOTOGRAFIA

PARA COMEÇO DE CONVERSA

1 Observe a foto.

Ilha Anchieta, Ubatuba, São Paulo, 2005.

a) O que você vê na foto?

b) O que a fotografia não mostra? Imagine o que pode estar ao redor dessa imagem e conte para os colegas de modo que consigam visualizar o que você "vê".

2 Sobre a foto, imagine.

a) Como foi esse lugar um dia? Quem viveu ali? Como eram essas pessoas? O que faziam? Em que época viviam?

b) Concentre-se em uma dessas personagens criadas pela sua imaginação. Conte o que ocorreu com ela em um determinado dia. Invente uma história que desperte o interesse de seus colegas, que apresente um conflito vivido por ela num determinado momento de sua vida, em determinado lugar.

Você deve ter percebido como uma foto pode sugerir ideias, histórias, impressões diferentes para cada observador.

Objetivamente, vemos uma casa em ruínas. Mas, certamente, depois do exercício que fez e do modo como você e seus colegas perceberam a imagem, sua leitura da foto deve ter se modificado.

Como tudo isso se relaciona com o conto literário? Descubra melhor isso participando das próximas atividades.

Capítulo 1

DESVENDANDO CONTOS

PRÁTICA DE LEITURA

Texto 1 – Conto

Antes de ler

O conto a seguir foi escrito pelo autor português Manuel da Fonseca. Percorra-o, observando apenas as palavras em destaque, e responda: qual é o assunto de que ele trata?

O vagabundo na esplanada

A surpresa, de mistura com um indefinido receio e o imediato desejo de mais acautelada perspectiva de observação, levava os transeuntes a afastarem-se de esguelha para os lados do passeio.

Pela clareira que se abria, o **vagabundo**, de mãos nos bolsos das calças, vinha, despreocupadamente, avenida abaixo.

Cerca de cinquenta anos, atarracado, magro, tudo nele era limpo, mas velho e cheio de **remendos**. Sobre a **esburacada camisola** interior, o casaco puído nos cotovelos e demasiado grande caía-lhe dos ombros em largas pregas, que ondulavam atrás das costas ao ritmo lento da passada. Desfiadas nos joelhos, muito curtas, **as calças deixavam à mostra as canelas**, nuas, finas de osso e nervo, saídas como duas ripas dos sapatos **cambados**. Caído para a nuca, copa achatada, aba às ondas, o chapéu semelhava uma auréola **alvacenta**.

Apesar de tudo isso, o rosto largo e anguloso do homem, de onde os olhos azuis-claros irradiavam como que um sorriso de luminosa ironia e compreensivo perdão, erguia-se, intacto e distante, numa serena dignidade.

Era assim, ao que se via, o seu natural comportamento de caminhar pela cidade.

Alheado, mas condescendente, seguia pelo centro do passeio com a distraída segurança de um milionário que obviamente se **está nas tintas** para quem passa. Não só por educação mas também pelo simples motivo de ter mais e melhor em que pensar.

O que não sucedia aos transeuntes. Os quais, incrédulos ao primeiro relance, se desviavam, oblíquos, da **deambulante** causa do seu espanto. E à vista do que lhes parecia um homem livre de sujeições, senhor de si próprio em qualquer circunstância e lugar, logo, por contraste, lhes ocorriam todos os problemas, todos os compadrios, todas as obrigações que os **enrodilhavam**. E sempre submersos de prepotências, sempre humilhados e sempre a fingir que nada disso lhes acontecia.

Num instante, embora se desconhecessem, aliviava-os a unânime má vontade contra quem tão vincadamente os afrontava em plena rua. Pronta, a vingança surgia. Falavam dos sapatos cambados, do fato de **remendos**, do ridículo chapéu. Consolava-os imaginar os frios, as chuvas e as **fomes** que o homem havia de **sofrer**. Entretanto, alguém disse:

– Vê-se com cada sujeito.

Um senhor vestido de escuro, de pasta negra e luzidia, colocada ostensivamente ao alto e bem segura sob o braço arqueado, murmurou azedamente:

– Que benefício trará tal criatura à sociedade?

– Devia era ser proibido que gente desta [classe] andasse pelas ruas da cidade – murmurou, escandalizada, uma velha senhora a outra velha senhora de igual modo escandalizada. E assim, resmungando, se dispersavam, cada um às suas obrigações, aos seus problemas.
Sem dar por tal, o homem seguia adiante.

Junto dos Restauradores, a **esplanada** atraiu-lhe a atenção. De cabeça inclinada para trás, pálpebras baixas, catou pelos bolsos umas tantas moedas, que pôs na palma da mão. Com o dedo esticado, separou-as, contando-as conscienciosamente. Aguardou o sinal de passagem e saiu da sombra dos prédios para o sol da tarde quente de verão.

A meio da esplanada havia uma mesa livre. Com o à vontade de um frequentador habitual, o homem sentou-se.

Após acomodar-se o melhor que o feitio da cadeira de ferro consentia, tirou os pés dos sapatos, espalmou-os contra a frescura do empedrado, sob o toldo. As rugas abriram-lhe no **rosto curtido** pelas **soalheiras** um sorriso de bem-estar.

Mas o **fato** e os modos da sua chegada haviam despertado nos ocupantes da esplanada, mulheres e homens, uma turbulência de expressões desaprovadoras. Ao desassossego de semelhante atrevimento sucedera a indignação.

Ausente, o homem entregava-se ao prazer de refrescar os pés cansados, quando um inesperado golpe de vento ergueu do chão a folha inteira de um jornal, e enrolou-lha nas canelas. O homem apanhou-a, abriu-a. Estendeu as pernas, cruzou um pé sobre o outro. Céptico, mas curioso, pôs-se a ler.

O facto, de si tão discreto, pareceu constituir a máxima ofensa para os presentes. Franzidos, empertigaram-se, circunvagando os olhos, como se gritassem: "Pois não há um empregado que venha expulsar daqui este tipo!" Nas caras, descompostas pelo desorbitado **melindre**, havia o que quer que fosse de recalcada, hedionda raiva contra o homem mal vestido e tranquilo, que lia o jornal na esplanada.

Um rapaz aproximou-se. Casaco branco, bandeja sob o braço, muito senhor do seu dever. Mas, ao reparar no rosto do homem, tartamudeou:

– Não pode...

E calou-se. O homem olhava-o com benevolência. – Disse?

– É reservado o direito de admissão – tornou o rapaz, hesitando. – Está além escrito.

Depois de ler o dístico, o homem, com a placidez de quem, por mera distracção, se dispõe a aprender mais um dos confusos costumes da cidade, perguntou:

– Que direito vem a ser esse?

– Bem... – volveu o empregado. – A gerência não admite... Não podem vir aqui certas pessoas.

– E é a mim que vem dizer isso?

O homem estava deveras surpreendido. Encolhendo os ombros, como quem se presta a um sacrifício, deu uma mirada pelas caras dos circunstantes. O azul-claro dos olhos **embaciou-se-lhe**.

– Talvez que a gerência tenha razão – concluiu ele, em tom baixo e magoado. – Aqui para nós, também me não parecem lá grande coisa. O empregado nem podia falar.

Conciliador, já a preparar-se para continuar a leitura do jornal, o homem colocou as moedas sobre a mesa, e pediu, delicadamente:

– Traga-me uma cerveja fresca, se faz favor. E diga à gerência que os deixe ficar. Por mim, não me importo.

Manuel da Fonseca. *Tempo de solidão*. Lisboa: Editorial Caminho, 1985.

Por dentro do texto

1 Qual é o ambiente em que a história acontece?
_____
_____

2 Releia a descrição do vagabundo.

> "Cerca de cinquenta anos, **atarracado**, **magro**, tudo nele era **limpo**, mas **velho** e cheio de remendos. Sobre a esburacada camisola interior, o casaco puído nos cotovelos e demasiado grande caía-lhe dos ombros em largas pregas, que ondulavam atrás das costas ao ritmo lento da passada. Desfiadas nos joelhos, muito curtas, as calças deixavam à mostra as canelas, nuas, finas de osso e nervo, saídas como duas ripas dos sapatos cambados. Caído para a nuca, copa achatada, aba às ondas, o chapéu semelhava uma auréola **alvacenta**.
>
> Apesar de tudo isso, o rosto largo e anguloso do homem, de onde os olhos **azuis-claros** irradiavam como que um sorriso de **luminosa** ironia e **compreensivo** perdão, erguia-se, intacto e distante, numa **serena** dignidade."

a) Pesquise as palavras desconhecidas do trecho acima e anote o seu significado nas linhas a seguir.
_____
_____

b) O trecho que você releu é predominantemente narrativo, descritivo ou argumentativo?
_____
_____

c) A que classe gramatical pertencem as palavras destacadas?
_____
_____

d) Pelas vestes que usa, por sua aparência, o vagabundo passa uma imagem negativa para as pessoas que o veem. O conto confirma ou contradiz essa imagem que as pessoas fazem dele?
_____
_____

e) Copie expressões ou frases do trecho acima que constroem uma imagem de dignidade e superioridade do vagabundo.
_____
_____

> **Importante saber**
> No conto, **o jogo de oposição de ideias e imagens pode construir significados originais**.
> Veja o caso do vagabundo desse conto: apresenta-se miserável, mas também digno, superior às condições que manifestam sua miséria. Assim, pela descrição dos aspectos físicos e psicológicos da personagem, o conto constrói um jogo de opostos – fundamental para o sentido da história.

3 Leia este trecho do conto que revela o preconceito das pessoas em relação ao vagabundo.

> "Num instante, embora os desconhecessem, aliviava-os a unânime má vontade contra quem tão vincadamente os afrontava em plena rua. Pronta, a vingança surgia. Falavam dos sapatos cambados, do fato de remendos, do ridículo chapéu. Consolava-os imaginar os frios, as chuvas e as fomes que o homem havia de sofrer."

- No conto, o vagabundo fica incomodado com os comentários e olhares das pessoas sobre ele?

___

___

4 Considere o comportamento do vagabundo na esplanada. O que esse comportamento revela sobre o modo como o próprio vagabundo se via?

___

___

> **Importante saber**
> As narrativas transmitidas pela tradição oral deram origem a alguns contos que hoje conhecemos.
> Atualmente, os contistas registram as histórias que criam por meio da escrita e, geralmente, seguem uma estrutura já definida que caracteriza o gênero textual **conto**.
> O **conto** é uma forma narrativa breve, cuja matéria é a ficção. Ele representa um episódio da vida das personagens, como uma amostragem ou flagrante. Geralmente, o enredo de um conto se organiza em torno de um conflito, ou seja, uma oposição entre os elementos da história que cria no leitor ou ouvinte uma expectativa em relação aos fatos.
> A estrutura narrativa do conto apresenta os mesmos momentos da maioria das narrativas: **introdução** (fatos iniciais), **complicação** (desenvolvimento), **clímax** (momento de maior tensão) e **desfecho** (solução do conflito ou revelação de um fato).

Texto e construção

1 Como podemos caracterizar o narrador de "O vagabundo na esplanada"? Justifique sua resposta.

___

___

2 Tendo sido escrito por um autor português, o texto traz palavras e construções que causam certo estranhamento, por serem escritas de um modo diferente ou, até mesmo, por não serem habituais no português do Brasil. Transcreva algumas dessas palavras ou expressões.

_____

3 Releia o trecho a seguir, retirado do texto.

> "Mas o fato e os modos da sua chegada haviam despertado nos ocupantes da esplanada, mulheres e homens, **uma turbulência de expressões desaprovadoras**."

a) Interprete o trecho, atentando para o significado da expressão em destaque no contexto do conto.

_____

Importante saber

Um dos recursos mais encantadores dos contos é a maneira como o autor constrói imagens empregando o sentido figurado. Veja dois exemplos desse recurso no texto de Manuel da Fonseca, e uma interpretação possível das expressões em destaque no conto.

"As rugas abriram-lhe no rosto curtido pelas soalheiras um sorriso de bem-estar."

Há uma relação entre o sorriso do vagabundo e as linhas de expressão do rosto dele, queimado pelo sol.

"O azul-claro dos olhos embaciou-se-lhe."

O azul-claro dos olhos do vagabundo perdeu o brilho, ou seja, os olhos dele ficaram obscurecidos.

b) Com base nas questões anteriores, assinale a alternativa correta.

• Além de conter expressões que não são habituais no português do Brasil, o conto traz um vocabulário:

[ ] Que pode ser considerado culto, com algumas palavras que podem ser desconhecidas pelo leitor.

[ ] Que pode ser considerado bem popular, com palavras muito usuais no cotidiano.

REFLEXÃO SOBRE O USO DA LÍNGUA

Vozes do verbo

1 Observe a oração a seguir retirada do conto "O vagabundo na esplanada".

> "[...] o homem colocou as moedas sobre a mesa."

a) Identifique o sujeito e o objeto dessa oração.

_____

b) Quem praticou a ação nessa oração?

_____

2 Agora, veja essa outra forma de construir essa oração.

> As moedas foram colocadas pelo homem sobre a mesa.

a) O sujeito continua o mesmo da oração anterior? Justifique.

_____

b) Nessa oração foi também o sujeito quem praticou a ação expressa pelo verbo ou ele se tornou o alvo dela?

_____

Importante saber

Quando o sujeito é o agente da ação expressa pelo verbo, dizemos que o verbo está na voz ativa. Nesse caso, o sujeito recebe a denominação de **ativo** ou **agente**. Exemplo:

O vagabundo surpreendeu as pessoas.
↓
sujeito ativo

Quando o sujeito recebe a ação expressa pelo verbo, dizemos que o verbo está na **voz passiva**. Nesse caso, o sujeito recebe a denominação de **passivo** ou **paciente**.

Nas orações em que o sujeito não realiza a ação expressa pelo verbo, dizemos que o verbo está na **voz passiva**. E o termo que realiza a ação expressa pelo verbo é denominado **agente da passiva**. Exemplo:

As pessoas foram surpreendidas **pelo vagabundo**.
↓   ↓
sujeito paciente   *agente da passiva*

Geralmente, o agente da passiva é antecedido pelos termos: **por**, **pela**, **pelo**, **pelas**, **pelos**.

c) Quem realizou a ação expressa pela locução verbal **foram colocadas**?

_____

d) Podemos dizer que a transformação ocorrida da primeira para a segunda oração é uma mudança de **voz ativa** para **voz passiva**? Justifique.

_____

_____

3 Complete o quadro a seguir com as informações que faltam a respeito das transformações que ocorreram na **mudança** da voz ativa para a voz passiva nos exemplos trabalhados:

- O homem colocou as moedas sobre a mesa.
- As moedas foram colocadas pelo homem sobre a mesa.

	VOZ ATIVA	VOZ PASSIVA
Sujeito	Sujeito ativo	
Objeto		
Verbo principal	Pretérito perfeito do indicativo	
Verbo auxiliar		Passa a existir com o tempo do verbo principal (Pretérito perfeito do indicativo)

4 Releia a oração a seguir, também retirada do texto "O vagabundo na esplanada".

> "Com o à vontade de um frequentador habitual, o homem sentou-se."

a) Quem praticou a ação verbal nessa oração?
_____
_____

b) Quem recebeu a ação verbal?
_____
_____

Importante saber

Quando o sujeito é o agente da ação expressa pelo verbo e simultaneamente recebe essa ação, dizemos que o verbo está na voz **reflexiva**.

Neste caso, o sujeito chama-se **reflexivo**. Exemplo:

Manuel Soares se arrependeu.

↓

sujeito agente e paciente

19

Aplicando conhecimentos

1 Leia esta tira de Mafalda.

Quadrinho 1: CLIC!
Quadrinho 2: ...E AGORA AS MANCHETES DO EXTERIOR: BOMBAS DE GRANDE PODER FORAM LANÇADAS PELA AVIAÇÃO DE...
Quadrinho 3: CLIC!
Quadrinho 4: NÃO ADIANTA DAR UM ANO NOVO PRA ELES! LOGO JÁ VÃO QUEBRANDO!

Quino. *Toda Mafalda*. São Paulo: Martins Fontes, 2000.

a) O que a personagem Mafalda está fazendo?

b) Que tipo de reação a personagem teve ao final da tira?

c) Retire da tira uma oração na voz passiva.

d) Identifique o agente da passiva.

e) Identifique o sujeito paciente.

f) Escreva a oração na voz ativa, fazendo as adequações necessárias.

2 Releia a manchete:

> Bombas de grande poder foram lançadas pela aviação.

a) O uso da voz passiva na manchete deu destaque a que elemento no texto?

b) Essa informação foi importante para a reação da Mafalda?

3 Leia o par de frases a seguir.

> • Escola suspende as aulas por falta d'água.
> • Aulas são suspensas pela escola por falta d'água.

Em qual das duas orações se enfatiza que as aulas estão sendo prejudicadas pela falta de água? Explique.

_____

_____

_____

4 Na frase "O vagabundo não se aborreceu com o desprezo dos transeuntes", o verbo encontra-se:

[ ] na voz ativa   [ ] na voz passiva   [ ] na voz reflexiva

5 Identifique a voz verbal das orações a seguir. Marque (1) para voz ativa, (2) para voz passiva e (3) para voz reflexiva.

a) Minha vizinha entregou a caixa hoje pela manhã.   (   )

b) A caixa foi entregue hoje pela manhã.   (   )

c) Vânia, sozinha, deu banho nos dois cachorros.   (   )

d) A veterinária cuidou de todos os cães no mesmo dia.   (   )

e) Os animais foram alimentados pelo grupo de biólogos.   (   )

f) O grupo de biólogos se animou com o achado.   (   )

6 Passe as orações a seguir para a voz ativa.

a) A professora foi cumprimentada pelo grupo de alunos.

_____

_____

b) O pedido foi entregue pela equipe de vendas.

_____

_____

c) A notícia foi dada pelo programa na primeira semana de abril.

_____

_____

d) A promoção será divulgada pelo site daqui a duas semanas.

e) Todo o material do congresso foi impresso pela gráfica.

7 Use os verbos entre parênteses para formar frases nas vozes verbais indicadas.

a) (limpar / voz ativa)

b) (enganar / voz passiva)

c) (indicar / voz passiva)

d) (encantar / voz reflexiva)

e) (sentar / voz reflexiva)

PRÁTICA DE LEITURA

Texto 2 – Fotografia

Araquém Alcântara. *Brasileiros*. São Paulo: Terrabrasil, 2004.

Por dentro do texto

1 Observe a imagem retratada em primeiro plano na fotografia e escreva um parágrafo que a descreva objetivamente com o maior número de detalhes possível.

_____
_____
_____
_____

2 Quantos anos você supõe que a senhora da fotografia tenha? Que elementos da imagem lhe sugerem essa resposta?

_____

3 Onde você imagina que essa senhora mora e como é a vida dela? O que você pode perceber na expressão de seu olhar? Justifique sua resposta.

_____
_____
_____

4 Em que a luz foi importante para garantir o contraste da foto?

_____

> **Importante saber**
>
> Como você pôde observar, a fotografia não apresenta palavras, só **imagem**. Já o conto é composto apenas por palavras.
>
> Embora eles sejam diferentes, foi possível interpretar o que eles quiseram transmitir. Por esse motivo, podemos dizer que fizemos uma leitura do conto e uma leitura da fotografia.
>
> Quando um texto possui imagens e não possui palavras, dizemos que ele é um **texto não verbal** ou visual. Quando possui apenas palavras, é chamado de **texto verbal**.
>
> A **fotografia** é um texto visual. Sendo uma representação da realidade, ultrapassa a própria imagem fotografada.

5 Alguns estudiosos se dedicaram à investigação sobre o significado dos gestos. Câmara Cascudo foi um deles. Ele escreveu um livro com muitos verbetes sobre a origem dos gestos que fazem parte de nosso cotidiano. Leia alguns.

> **Roer unha**
>
> Depois de compor o cabelo, não há gesto mais instintivamente feminino que roer as unhas, fingindo livrá-las de excrescências incômodas e também imaginárias. É um

entretimento para a indolência e motivo maquinal para o devaneio desocupado. Apesar dos recursos modernos no tratamento das unhas, roê-las é a melhor solução. Mais psicológica que idônea. Grandes Poetas de Roma [...] registraram essa inconsciente e adorável atividade feminina, na viva autenticidade do exercício deleitoso. [...]

Mão no queixo

Posição de descanso, desleixo, indolência, ociosidade. "Mão no queixo, vendo o Mundo passar!" Bisbilhoteiro. Curioso. Queixo caído é que é admiração, surpresa, senilidade, toleima. Batendo o queixo vale acesso de febre, pavor, frio. Mão no queixo é o modelo da moça janeleira, despreocupada do próprio e vigilante do alheio. [...]

Mão na boca

É a atitude de respeitosa contenção, evitando falar importunamente, mantendo-se em expectativa de esperança e veneração. Não se trata de reprimir uma inconveniência verbal. [...] Reaparece entre as velhas mendigas tímidas, alheias à loquacidade patética e declamação trágica, e ainda em pessoas do Povo, esperando resposta difícil. [...] É um gesto popular instintivo, contemporâneo, nascido quando a História ainda não vivia no Tempo.

Luís da Câmara Cascudo. *História de nossos gestos: uma pesquisa na mímica do Brasil.* São Paulo: Global, 2003.

- Qual das três explicações apresenta alguma relação com a imagem retratada na fotografia? Explique sua resposta, indicando o possível significado do gesto da mulher fotografada.

_____
_____
_____

Para você que é curioso

Não existe, logicamente, a mesma tradução literal para cada gesto, universalmente conhecido. [...] Negativa e afirmativa, gesto de cabeça na horizontal e vertical, têm significação inversa para chineses e ocidentais. Estirar a língua é insulto na Europa e América, é saudação respeitosa no Tibet. Vênias, baixar a cabeça, curvar os ombros, ajoelhar-se, elevar a mão à fronte são universais.

Luís da Câmara Cascudo. *História de nossos gestos: uma pesquisa na mímica do Brasil.* São Paulo: Global, 2003.

PRODUÇÃO DE TEXTO

Vamos montar uma mostra de fotografia?

A fotografia é uma prática artística que aprimora o olhar. Ao sair às ruas, ao chegar aos lugares que frequenta, procure observar outros gestos que fazem parte da cultura do brasileiro e que, muitas vezes, escapam à nossa observação por serem tão cotidianos. Você irá percebê-los e também registrá-los por meio de uma câmera fotográfica.

Orientações

- Forme grupos de seis alunos. Cada grupo deverá ter uma máquina fotográfica. Pode ser a de um familiar, emprestada, de algum integrante do grupo.
- Observe os gestos das pessoas durante uma semana e, se for possível, pesquise o significado de alguns gestos na seguinte obra de Câmara Cascudo: *História de nossos gestos: uma pesquisa na mímica do Brasil*. São Paulo: Global, 2003.
- Com seus colegas, escolha pessoas conhecidas que possam participar do trabalho como modelos das fotos, ou seja, para representar os gestos selecionados pelo grupo para serem fotografados.
- Orientado pelo professor, faça um levantamento a respeito de que gestos você e seu grupo pretendem fotografar para que, no conjunto do trabalho, não se repitam os temas das fotos.
- Cada integrante do grupo ficará responsável por duas fotos sobre o mesmo tema e deve selecionar dentre elas apenas uma que irá para a exposição. Cada aluno do grupo fotografará um tema diferente.
- Depois que as fotos estiverem impressas, você poderá ampliá-las em diferentes tamanhos para compor a exposição.
- Planeje em grupo como os trabalhos serão organizados: haverá painéis? De que material serão feitos? O fundo será branco, preto, colorido? Qual será o título da exposição?
- Crie legendas com o título de cada foto. As legendas devem ser breves, sem muitas explicações, pois a intenção é que o leitor possa interagir com essa linguagem.
- Dê um nome para a exposição e escreva um texto de apresentação para a mostra de fotografia com algumas informações sobre a intenção do trabalho e o contexto em que foi produzido.
- Com seu grupo, faça convites para a comunidade. Não se esqueça de colocar um livro de registro de visitas em que o público poderá escrever suas impressões sobre as fotos e a exposição em geral.

Crie um conto com base na fotografia ao lado. O conto será lido em uma roda de leitura.

Observe a fotografia com atenção e anote o que ela pode sugerir. Em seguida, leia as orientações para a construção do conto.

> **PLANEJE SEU TEXTO**

Responda a cada um dos itens do quadro a seguir como modo de planejamento. Amplie o número de itens, se precisar. Verifique se cumpriu o planejado na hora de avaliar o texto.

PARA ESCREVER O CONTO	
1. Qual é o público leitor do texto?	
2. Que linguagem vou empregar?	
3. Qual é a estrutura que o texto vai ter?	
4. Onde o texto vai circular?	

ORIENTAÇÕES PARA A PRODUÇÃO

1. Olhe com atenção a foto que servirá de ponto de partida para a produção do texto.
2. Verifique o que está representado em primeiro plano: essas representações lhe permitirão imaginar personagens, ambiente, tempo, duração da história.
3. Escreva a primeira versão do conto no caderno.
4. Você já sabe que o conto é um texto breve, que condensa grande significado e profundidade.
5. Defina qual será o conflito principal da história, responsável por desencadear a sequência da narrativa, e desenvolva o texto procurando criar símbolos e imagens. Para isso, utilize recursos, como linguagem figurada, descrição, jogo de oposições etc.
6. Faça uso do que aprendeu sobre os significados possíveis dos gestos quando for se referir às ações ou ao comportamento das personagens.
7. A solução e o desfecho do conto precisam estar de acordo com o restante das informações e só podem surgir quando o conflito estiver suficientemente desenvolvido.
8. Observe a coesão textual, evitando repetições desnecessárias.

AVALIAÇÃO E REESCRITA

1. O conto apresenta os elementos básicos de uma narrativa?
2. As personagens foram bem construídas? Suas características aparecem de forma marcante no texto? O leitor consegue identificar os aspectos psicológicos das personagens, o tempo e o espaço da narrativa?
3. As orações estão bem construídas ou estão incompletas, confusas, truncadas?
4. O desfecho ocorre tendo como base uma solução consistente para o conflito?
5. Em sua opinião, o leitor ficaria envolvido ao ler o conto?
6. Faça uma revisão ortográfica e do uso da pontuação. Depois, passe a narrativa a limpo na folha que será entregue ao professor.

PREPARANDO-SE PARA O PRÓXIMO CAPÍTULO

Você sabe o que é um romance? Será que romances têm sempre como tema uma história de amor? Faça uma pesquisa em livros, internet etc.

Capítulo 2
DESVENDANDO O ROMANCE

PRÁTICA DE LEITURA

Texto 1 – Romance (fragmento I)

Antes de ler

1. Você já leu algum romance?

2. Neste capítulo, você terá oportunidade de conhecer um pouco mais desse gênero e, por meio da análise de dois fragmentos de romance, traçar o perfil de duas personagens femininas.

- Para entrar no assunto, leia o próximo texto, escrito por Marisa Lajolo.

Leia apenas o primeiro parágrafo e o **Glossário** na parte final deste livro para conferir o significado da palavra **vitória**. Depois responda: a história contida no texto que você vai ler se passa num passado distante ou nos dias atuais?

A pata da gazela

Estava parada na Rua da Quitanda, próximo à da Assembleia, uma linda **vitória**, puxada por soberbos cavalos do Cabo.

Dentro do carro havia duas moças; uma delas, alta e esbelta, tinha uma presença encantadora; a outra, de pequena estatura, muito delicada de talhe, era talvez mais linda que sua companheira.

Estavam ambas elegantemente vestidas, e conversavam a respeito das compras que já tinham realizado ou das que ainda pretendiam fazer.

– Daqui aonde vamos? – perguntou a mais baixa, vestida de roxo claro.

– Ao escritório de papai: talvez ele queira vir conosco. Na volta passaremos pela Rua do Ouvidor – respondeu a mais esbelta, cujo talhe era desenhado por um roupão cinzento.

O vestido roxo debruçou-se de modo a olhar para fora, no sentido contrário àquele em que seguia o carro, enquanto o roupão, recostando-se nas almofadas, consultava uma carteirinha de lembranças, onde naturalmente escrevera a nota de suas encomendas.

– O **lacaio** ficou-se de uma vez! – disse o vestido roxo com um movimento de impaciência.

– É verdade! – respondeu distraidamente a companheira.

Estas palavras confirmavam o que aliás indicava o simples aspecto da carruagem: as senhoras estavam à espera do lacaio, mandado a algum ponto próximo. A impaciência da moça de vestido roxo era partilhada pelos fogosos cavalos, que dificilmente conseguia **sofrear** um cocheiro **agaloado**.

Depois de alguns momentos de espera, sobressaltou-se o roupão cinzento, e conchegando-se mais às almofadas, como para ocultar-se no fundo da carruagem, murmurou:

– Laura!... Laura!...

E como sua amiga não a ouvisse, puxou-lhe pela manga.

– O que é, Amélia?

– Não vês? Aquele moço que está ali defronte nos olhando.

– Que tem isto? – disse Laura sorrindo.

– Não gosto! – replicou Amélia com um movimento de contrariedade. – Há quanto tempo está ali e sem tirar os olhos de mim?

– Volta-lhe as costas!

– Vamos para diante.

– Como quiseres.

Avisado, o cocheiro avançou alguns passos, de modo a tirar ao curioso a vista do interior do carro; mas o **mancebo** não desanimou por isso, e passando de uma a outra porta, tomou posição conveniente para contemplar a moça com admiração franca e apaixonada.

Simples no traje, e pouco favorecido a respeito de beleza; os dotes naturais que excitavam nesse moço alguma atenção eram uma vasta fronte meditativa e os grandes olhos pardos, cheios do brilho profundo e fosforescente que naquele momento derramavam pelo semblante de Amélia. [...]

Notando Amélia a insistência do mancebo, ficou vivamente contrariada. Aquele olhar profundo, que parecia despedir os fogos surdos de uma labareda oculta, incutia nela um desassossego íntimo. Agitava-se impaciente, como uma criatura no meio de um sono inquieto ou mesmo de um ligeiro pesadelo.

Até que abriu o chapeuzinho de sol, para interceptar a contemplação apaixonada de que era objeto. Nesta ocasião, Laura, que frequentemente se debruçava para ver quando vinha o lacaio, retraiu o corpo com vivacidade:

— Enfim; aí vem!

— Felizmente! – disse Amélia.

O lacaio aproximava-se a passos medidos; trazia na mão um embrulho de papel azul, que o atrito dos dedos e a oscilação dos objetos envoltos desfizera, obrigando o portador a apertá-lo de vez em quando.

Julgando ao cabo de alguns instantes que o lacaio já tocava o estribo da carruagem, Amélia, tomando um tom imperativo, disse para o cocheiro:

— Vamos! Vamos!

Ao aceno que lhe fez o cocheiro, o lacaio correu, chegando a tempo de apanhar o carro, que partia ao trote largo da fogosa parelha. Deitar o embrulho na caixa da vitória, rodear em dois saltos e galgar o estribo da almofada foi para o criado, habituado a essa manobra, negócio de um instante. Não percebera ele, porém, que, abrindo-se o papel com a corrida, um dos objetos nele contidos escorregara e, justamente na ocasião de deitar o embrulho na caixa do carro, caíra na calçada.

Laura, que se inclinara com vivo interesse para tomar o embrulho das mãos do lacaio, tivera um pressentimento do acidente, ao ver o papel desenrolado. Fechando-o rapidamente e escondendo-o por baixo do assento da vitória, ela debruçou-se ainda uma vez para verificar se com efeito alguma coisa havia caído. Ao mesmo tempo acompanhava o movimento com estas palavras de contrariedade:

— Como ele manda isto! Por mais que se lhe recomende!

Laura nada viu, porque já a vitória rodava ligeiramente sobre os paralelepípedos.

Nesse momento, porém, dobrando a Rua da Assembleia, se aproximara um moço elegante não só no traje do melhor gosto, como na graça de sua pessoa: era sem dúvida um dos príncipes da moda, um dos leões da Rua do Ouvidor; mas desse podemos assegurar pelo seu parecer distinto que não tinha usurpado o título.

O mancebo viu casualmente o lacaio quando passara por ele correndo, e percebeu que um objeto caíra do embrulho. Naturalmente não se dignaria abaixar para apanhá-lo, nem mesmo deitar-lhe um olhar, se não visse aparecer ao lado da vitória o rosto de uma senhora, que o aspecto da carruagem indicava pertencer à melhor sociedade.

Então apressou-se, para ter ocasião de fazer uma fineza, e pretexto de conhecer a senhora, que lhe parecera bonita. Os leões são apaixonadíssimos de tais encontros; acham-lhes um **sainete** que destrói a monotonia das relações habituais.

Quando o moço ergueu-se com o objeto na mão, já o carro dobrava a Rua Sete de Setembro. Ficou ele um momento indeciso, olhando em torno, como se esperasse alguma informação a respeito da pessoa a quem pertencia o carro. Sem dúvida a senhora era conhecida em alguma loja de fazendas; talvez tivesse aí feito compras.

Não obtendo, porém, informações, nem colhendo resultado da pergunta que fizera a um caixeiro próximo, resolveu-se a meter o objeto no bolso e seguir seu caminho.

José de Alencar. *A pata da gazela*. São Paulo: Ática, 1998.

Por dentro do texto

1. O fragmento do romance lido é uma história policial, de aventura, de amor ou de terror?

2. Qual é o foco narrativo desse romance?

3. No texto, o narrador apresenta uma minuciosa descrição das personagens. Que elementos do texto nos permitem perceber de que classe social as moças fazem parte?

4. Nesse romance, as roupas das personagens são tão importantes na caracterização delas que o narrador substitui o nome das moças pelo traje que elas portam. Selecione dois exemplos do texto que ilustrem essa afirmação.

5. Leia o trecho a seguir referente ao comportamento de Amélia e responda à questão.

"Notando Amélia a insistência do mancebo, ficou vivamente contrariada. Aquele olhar profundo, que parecia despedir os fogos surdos de uma labareda oculta, incutia nela um desassossego íntimo."

- O que o trecho pode revelar a respeito das características psicológicas da personagem?

_____
_____

6 Que atitudes Amélia tomou para se proteger e se esquivar do olhar do rapaz que a admirava?

_____
_____
_____

7 Pelo trecho lido, é possível identificar a situação-problema que se constrói e será responsável pelo desenvolvimento da história. Assinale as alternativas que apresentam os acontecimentos fundamentais que desencadearam essa situação.

☐ O lacaio apressado não percebe que deixa cair, na rua, um objeto do embrulho que carregava.

☐ O cocheiro leva a vitória mais à frente para tirá-la do foco de olhar do moço apaixonado.

☐ Um jovem interesseiro apanha o objeto perdido e busca informações sobre sua possível proprietária.

☐ Laura, desconfiada de que algo foi deixado para trás pelo lacaio, olha pela janela da vitória em direção à rua.

☐ O rapaz bem-vestido, não obtendo informações sobre a dona do objeto perdido, guarda-o no bolso.

8 Que objeto, você imagina, caiu do embrulho?

_____
_____
_____

9 Lendo um pouco mais a narrativa desse romance, você descobrirá que o tal objeto é um calçado feminino. Agora pense: este trecho do romance *A pata da gazela* assemelha-se a um conto maravilhoso bastante conhecido. Identifique-o e faça um levantamento de outros elementos comuns às duas histórias.

_____
_____
_____
_____

PRÁTICA DE LEITURA

Texto 2 – Romance (fragmento II)

Você vai ler a continuação da história. Verifique se suas hipóteses estavam certas.

Horácio de Almeida, o nosso leão, voltou a casa à hora do costume, quatro da tarde. [...] Como admitir que um príncipe da moda não aproveitasse a aventura do carro, para sobre ela bordar um romance de rua, com que excitasse a curiosidade dos amigos? [...]

Foi só quando, encostado em sua **otomana**, descansava para o jantar, que Horácio, procurando a carteira de charutos no bolso do fraque, lembrou-se do objeto. Teve então curiosidade de examiná-lo: sabia o que era; na ocasião de apanhá-lo reconhecera o pé de uma **botina** de senhora; mas não fizera grande reparo.

Agora, porém, que de novo o tinha diante dos olhos, a sós em seu aposento, e despreocupado da ideia de o restituir, Horácio achou o objeto digno de séria atenção; e aproximando-se da janela, começou um exame conscioncioso.

Era uma botina, já o sabemos; mas que botina! Um primor de pelica e seda, a concha mimosa de uma pérola, a faceira irmã do lindo **chapim** de ouro da borralheira; em uma palavra, a botina desabrochada em flor, sob a inspiração de algum artista **ignoto**, de algum **poeta de ceiró e torquês**.

Não era, porém, a perfeição da obra, nem mesmo a excessiva delicadeza da forma, o que seduzia o nosso leão; eram sobretudo os **debuxos** suaves, as ondulações voluptuosas que tinham deixado na pelica os contornos do pezinho desconhecido. A botina fora servida, e muitas vezes; embora estivesse ainda bem conservada, o desmaio de sua primitiva cor bronzeada e o esfrolamento da sola indicavam bastante uso. [...]

Mas a botina achada já não era um artigo de loja, e sim o traste mimoso de alguma beleza, o gentil companheiro de uma moça formosa, de quem ainda guardava a impressão e o perfume. O rosto estufava mostrando o firme relevo do pezinho arqueado. Na sola se desenhava a curva graciosa da planta sutil, que só nas extremidades beijava o chão, como o **silfo** que frisa a superfície do lago com a ponta das asas.

Há um aroma, que só tem uma flor na terra, o aroma da mulher bonita: fragrância voluptuosa que se exala ao mesmo tempo do corpo e da alma; perfume inebriante que penetra no coração como o amor volatilizado. A botina estava impregnada desse aroma delicioso; o delicado tubo de seda, que se elevava como a corola de um lírio, derramava, como a flor, ondas suaves.

O mancebo colocara longe de si o charuto para não desvanecer com o fumo os bafejos daquele odor suave. Não havia aí o menor **laivo** de essência artificial preparada pela arte do perfumismo; era a pura exalação de uma cútis acetinada, esse hálito de saúde que perspira através da fina e macia tez, e como através das pétalas de uma rosa.

De repente uma ideia perpassou no espírito do moço, que o fez estremecer. Essa botina grácil, em que mal caberia sua mão aristocrática, essa botina mais mimosa do que sua luva de pelica, não podia ter um número maior do que o de seus anos, vinte e nove!

— Será de uma menina! — murmurou ele um tanto desconsolado.

Examinou novamente a obra-prima, voltou-a de todos os lados, apalpou docemente o salto e o bico, dobrou a orla da haste, sondou o interior da concha, que servira de regaço ao feiticeiro pezinho. Depois de alguns instantes deste exame profundo e minucioso, um sorriso expandiu o semblante de Horácio.

— É de moça, é de mulher! — murmurou ele. — Aqui estão os sinais evidentes; não podem falhar. [...]

Horácio sorriu.

— Esta botina é de moça; e moça em todo o viço da juventude: a sola apenas roçada junto à ponta, o salto quase intato, não estão descrevendo com a maior eloquência a sutileza do passo ligeiro? Eu sinto, posso dizer eu vejo, esse andar gentil, que manifesta a deusa, como disse o poeta; a deusa, a Vênus deste Olimpo em que vivemos, a mulher. Só quando toda seiva se precipita para o coração, quando germinam os botões que mais tarde abrirão em flor, só nesse momento de assunção é que a mulher tem este andar sublime e augusto. É o andar do passarinho que, roçando a relva, sente o impulso das asas; é o andar do astro nascente, caminhando para a ascensão; é o andar do anjo que, mesmo tocando a terra, parece prestes a fugir ao céu; e é, finalmente, a elação d'alma que aspira de Deus os **eflúvios** do amor, do amor, único ambiente do coração!

José de Alencar. *A pata da gazela*. São Paulo: Ática, 1998.

Por dentro do texto

1 O que mais chamou a atenção de Horácio: a beleza do calçado ou o fato de as suas formas revelarem traços da moça desconhecida?

2 Muitos adjetivos são usados na descrição da botina. Por que isso acontece?

3 É possível afirmar que o texto apresenta uma grande identificação entre a moça e o seu calçado? Explique a resposta e transcreva um trecho que a confirme.

_____
_____
_____

4 O fato de Horácio reconhecer que o sapato exalava aromas perfumados e a maneira como a moça é descrita no último parágrafo revelam algo sobre como a mulher é vista nesse romance. Releia os trechos do texto que contêm essas informações e escolha, dentre as imagens a seguir, aquela que se assemelha à visão sobre a mulher na obra *A pata da gazela*. Justifique sua resposta com elementos do romance.

Claude Monet. 1886. *Estudo ao ar livre. Mulher olhando para a esquerda, 1886.* Óleo sobre tela, 131 cm x 88 cm.

Vermeer. *A leiteira.* Óleo sobre tela. 45,5 cm x 41cm.

_____
_____
_____

Texto e construção

1 Releia este trecho do texto.

"[...] É o andar do passarinho que, roçando a relva, sente o impulso das asas; é o andar do astro nascente, caminhando para a ascensão; é o andar do anjo que, mesmo tocando a terra, parece prestes a fugir ao céu; e é, finalmente, a elação d'alma que aspira de Deus os eflúvios do amor, do amor, único ambiente do coração!"

35

- Na descrição do andar da moça, há uma série de repetições. Em sua opinião, essas repetições foram empregadas adequadamente? Justifique sua resposta.

___

Importante saber

A **repetição** é um recurso estilístico bastante usado pelos autores para conferir beleza a um texto literário. Esse recurso também é usado na poesia, recebendo o nome de paralelismo.

2 Volte à segunda parte do texto *A pata da gazela* e identifique outro trecho em que ocorre uma repetição estilística.

___

Importante saber

Enquanto o conto mostra a vida por um flagrante, o romance amplia o foco, mostrando largamente os acontecimentos. Antigos ou mais atuais, os romances possuem uma estrutura complexa, apresentam histórias mais extensas, geralmente divididas em capítulos.

Esse gênero não conta sempre uma história de amor. Existem romances policiais, de aventura, de mistério, de ficção científica etc.

No século XIX, os romances eram publicados em folhetins e muito apreciados pelo público feminino da época. Naquela ocasião, muitos deles continham uma história de amor, mas não deixavam de lado a crítica à sociedade burguesa da época.

DE OLHO NO VOCABULÁRIO

1 Leia o texto a seguir.

a) Há no texto algumas palavras escritas de modo diferente de como grafamos atualmente. Copie-as.

b) Por que você acha que elas foram escritas dessa maneira?

c) Retire da propaganda uma frase que não se costuma usar atualmente.

2 Agora leia a definição da palavra **otomana**, retirada do romance *A pata da gazela*.

> **otomana:** sofá baixo e grande, em que cabem várias pessoas ao mesmo tempo.

a) Essa palavra costuma ser usada nos dias atuais?

b) As palavras **vitória** (com o sentido empregado no texto), **mancebo** e **lacaio** ainda são empregadas nos dias atuais?

Importante saber

Você percebeu que na propaganda e também no romance há várias palavras que, hoje, escrevemos de forma diferente?

A forma e o uso das palavras podem mudar com o passar do tempo. Há palavras ou expressões que deixam de ser usadas e há aquelas que convivem com a forma que as substituiu devido ao fato de alguns falantes ainda empregarem a forma antiga.

3 No próximo texto, sublinhe todas as palavras ou expressões que você considera antigas. Em seguida, faça uma pesquisa sobre o que elas significam e, com seu professor e seus colegas, monte um glossário em forma de cartaz para ser afixado na classe. Ilustrem esse glossário com imagens de época.
Depois da pesquisa, releiam o texto e façam uma interpretação coletiva do que ele quer expressar, respondendo oralmente às próximas questões.

Antigamente

Antigamente as moças se chamavam *mademoiselles* e eram todas mimosas e muito prendadas. Não faziam anos: completavam primaveras, em geral dezoito. Os janotas, mesmo não sendo rapagões, faziam-lhes pés de alferes, arrastando as asas, mas ficavam longos meses debaixo do balaio. E, se levavam tábua, o remédio era tirar o cavalo da chuva e ir pregar noutra freguesia. As pessoas, quando corriam, antigamente, era para tirar o pai da forca, e não caíam de cavalo magro. Algumas jogavam verde para colher maduro, e sabiam com quantos paus se faz uma canoa. O que não impedia que, nesses entrementes, esse ou aquele embarcasse em canoa furada. Encontravam alguém que lhes passasse a manta e azulava, dando às de vila-diogo. Os mais idosos, depois da janta, faziam o quilo, saindo para tomar fresca; e também tomavam cautela de não apanhar sereno. Os mais jovens, esses iam ao animatógrafo, e mais tarde ao cinematógrafo, chupando balas de alteia. Ou sonhavam em andar de aeroplano; os quais, de pouco siso, se metiam em camisa de onze varas, e até em calças pardas; não admira que dessem com os burros n'água. [...]

Carlos Drummond de Andrade. *Poesia e prosa*. Rio de Janeiro: Nova Aguilar, 1988.

a) Por que o título do texto é "Antigamente"?

b) O texto apresenta uma série de expressões populares nascidas da tradição oral. Quais delas você pode identificar no texto?

c) Há alguma palavra ou expressão antiga cujo significado você já conhecia?

d) Que palavra você achou mais interessante conhecer? Qual lhe parece mais estranha ou mais engraçada?

e) De que maneira a relação entre passado e presente é estabelecida no texto?

f) Com que intenção o autor escreveu esse texto?

g) De que maneira o texto mostra os diferentes usos dos termos correspondentes à palavra cinema?

h) O texto lhe serviu para conhecer mais sobre a história dos costumes das pessoas? Por quê?

PRÁTICA DE LEITURA

Texto 3 – Romance (fragmento)

Ana Terra

Mal raiou o dia, Ana ouviu um longo mugido. Teve um estremecimento, voltou a cabeça para todos os lados, procurando, e finalmente avistou uma das vacas leiteiras da estância, que subia a **coxilha** na direção do rancho. A Mimosa! – reconheceu. Correu ao encontro da vaca, enlaçou-lhe o pescoço com os braços, ficou por algum tempo a sentir contra o rosto o calor bom do animal e a acariciar-lhe o pelo do pescoço. Leite pras crianças – pensou. O dia afinal de contas começava bem. Apanhou do meio dos destroços do rancho um balde amassado, acocorou-se ao pé da vaca e começou a ordenhá-la. E assim, quando Eulália, Pedrinho e Rosa acordaram, Ana pôde oferecer a cada um deles um caneco de leite.

– Sabe quem voltou, meu filho? A Mimosa.

O menino olhou para o animal com olhos alegres.

– Fugiu dos bandidos! – exclamou ele.

Bebeu o leite morno, aproximou-se da vaca e passou-lhe a mão pelo lombo, dizendo:

– Mimosa velha... Mimosa valente...

O animal parecia olhar com seus olhos remelentos e tristonhos para as sepulturas. Pedro então perguntou:

– E as cruzes, mãe?

– É verdade. Precisamos fazer umas cruzes.

Com pedaços de taquara amarrados com cipós, mãe e filho fizeram quatro cruzes, que cravaram nas quatro sepulturas. Enquanto faziam isso, Eulália, que desde o despertar não dissera uma única palavra, continuava sentada no chão a embalar a filha nos braços, os olhos voltados fixamente para as bandas do Rio Pardo.

No momento em que cravara a última cruz, Ana teve uma dúvida que a deixou apreensiva. Só agora lhe ocorria que não tinha escutado o coração dum dos escravos. O mais magro deles estava com a cabeça decepada – isso ela não podia esquecer...

Mas e o outro? Ela estava tão cansada, tão tonta e confusa que nem tivera a ideia de verificar se o pobre do negro estava morto ou não. Tinham empurrado o corpo para dentro da cova e atirado terra em cima... Ana olhava, sombria, para as sepulturas.

Fosse como fosse, agora era tarde demais. "Deus me perdoe" – murmurou ela. E não se preocupou mais com aquilo, pois tinha muitas outras coisas em que pensar.

39

Começou a catar em meio dos destroços do rancho as coisas que os castelhanos haviam deixado intatas: a roca, o crucifixo, a tesoura grande de podar – que servira para cortar o umbigo de Pedrinho e de Rosa –, algumas roupas e dois pratos de pedra.

Amontoou tudo isso e mais o cofre em cima dum cobertor e fez uma trouxa.

Naquele dia alimentaram-se de pêssegos e dos lambaris que Pedrinho pescou no poço. E mais uma noite desceu – clara, morna, pontilhada de vaga-lumes e dos gemidos dos urutaus.

Pela madrugada Ana acordou e ouviu o choro da cunhada. Aproximou-se dela e tocou-lhe o ombro com a ponta dos dedos.

– Não há de ser nada, Eulália...

Parada junto de Pedro e Rosa, como um vaga-lume pousado a luciluzir entre os chifres, a vaca parecia velar o sono das crianças, como um anjo da guarda.

– Que vai ser de nós agora? – choramingou Eulália.
– Vamos embora daqui.
– Mas pra onde?
– Pra qualquer lugar. O mundo é grande.

Ana sentia-se animada, com vontade de viver. Sabia que, por piores que fossem as coisas que estavam por vir, não podiam ser tão horríveis como as que já tinha sofrido. Esse pensamento dava-lhe uma grande coragem. E ali, deitada no chão a olhar para as estrelas, ela se sentia agora tomada por uma resignação que chegava quase a ser indiferença. Tinha dentro de si uma espécie de vazio: sabia que nunca mais teria vontade de rir nem de chorar. Queria viver, isso queria, e em grande parte por causa de Pedrinho, que afinal de contas não tinha pedido a ninguém para vir ao mundo. Mas queria viver também de raiva, de birra. A sorte andava sempre virada contra ela. Pois Ana estava agora decidida a contrariar o destino. Ficara louca de pesar no dia em que deixara Sorocaba para vir morar no Continente.

Vezes sem conta tinha chorado de tristeza e de saudade naqueles cafundós. Vivia com medo no coração, sem nenhuma esperança de dias melhores, sem a menor alegria, trabalhando como uma negra, e passando frio e desconforto... Tudo isso por quê? Porque era a sua sina. Mas uma pessoa pode lutar contra a sorte que tem. Pode e deve. E agora ela tinha enterrado o pai e o irmão e ali estava, sem casa, sem amigos, sem ilusões, sem nada, mas teimando em viver. Sim, era pura teimosia. Chamava-se Ana Terra. Tinha herdado do pai o gênio de mula.

Érico Veríssimo. *O continente*. São Paulo: Cia. das Letras, 2004.

Por dentro do texto

1. Em que ambiente Ana Terra vive?

2 O autor não descreve a indumentária de Ana Terra. Como você imagina a vestimenta dessa personagem dentro do contexto em que ela vive?

_____

3 O que podemos dizer a respeito da condição econômica da personagem Ana na situação narrada no texto?

_____

4 Releia o seguinte trecho.

> "[...] e finalmente avistou uma das vacas leiteiras da estância, que subia a coxilha na direção do rancho. A Mimosa! – reconheceu. Correu ao encontro da vaca, enlaçou-lhe o pescoço com os braços, ficou por algum tempo a sentir contra o rosto o calor bom do animal e a acariciar-lhe o pelo do pescoço. Leite pras crianças – pensou. O dia afinal de contas começava bem. [...]
> – Sabe quem voltou, meu filho? A Mimosa.
> O menino olhou para o animal com olhos alegres.
> – Fugiu dos bandidos! – exclamou ele.
> Bebeu o leite morno, aproximou-se da vaca e passou-lhe a mão pelo lombo, dizendo:
> – Mimosa velha... Mimosa valente...
> O animal parecia olhar com seus olhos remelentos e tristonhos para as sepulturas."

a) Nesse trecho, a vaca representa o alimento, o sustento dos filhos. O que mais a vaca representa para as personagens?

_____

b) Apesar de narrar um dia que começava bem, o trecho revela uma visão idealizada da vida de Ana Terra? Explique.

_____

c) Há outro trecho do texto que apresenta a vaca como protetora. Identifique esse trecho e indique que relação ele tem com uma cena própria dos autos de Natal.

_____
_____

5 Ana ficou sem casa, sem amigos, sem ilusões, não tinha vontade de rir nem de chorar. O que lhe restou e o que a levou a resistir?

_____
_____

- O que significa o trecho "sabia que nunca mais teria vontade de rir nem de chorar"?

6 Podemos considerar Ana Terra uma mulher que decide tomar as rédeas de seu destino? Por quê?

REFLEXÃO SOBRE O USO DA LÍNGUA

Frase, oração e período

1 Para produzir sentido, dentro de uma determinada situação comunicativa, as palavras se organizam de diferentes maneiras. Releia o trecho abaixo.

> "Bebeu leite morno, aproximou-se da vaca e passou-lhe a mão pelo lombo, dizendo:
> – Mimosa velha... Mimosa valente... "

- Aprendemos que frase é uma unidade comunicativa com sentido completo. Com base nessa informação, responda: quantas frases há no trecho selecionado?

2 Às frases que não possuem verbo, a gramática deu o nome de frases nominais. Quais são as frases nominais que aparecem nesse trecho?

3 Uma frase verbal se organiza em torno de um ou mais verbos. Que verbos foram usados na frase verbal do trecho destacado?

4 Além do conceito de frase, vimos também o conceito de oração – a unidade comunicativa ou parte de uma unidade comunicativa que se organiza em torno de um verbo. Sendo assim, quantas orações compõem a frase verbal desse trecho?

5 Leia agora mais um trecho do texto.

> "Ana sentia-se animada, com vontade de viver. Sabia que, por piores que fossem as coisas que estavam por vir, não podiam ser tão horríveis como as que já tinha sofrido. Esse pensamento dava-lhe uma grande coragem."

a) Quantas frases há nesse trecho?
_____

b) Quais frases são compostas de apenas um verbo?
_____

c) Quantas orações compõem a primeira frase do texto?
_____
_____

Importante saber

- **Nem toda frase é uma oração**, pois é necessário que o enunciado seja construído em torno de um verbo ou locução verbal para que seja considerado uma oração. Veja o exemplo a seguir.
  – Mas e o outro? (frase sem nenhum verbo, nenhuma oração)
- **Nem toda oração é uma frase**, pois algumas orações fazem parte de um conjunto e não têm sentido isoladas. Atenção ao exemplo.

  Chamava-se Ana Terra. (frase com apenas um verbo, uma oração)
  E não se **preocupou** mais com aquilo, pois **tinha** muitas outras coisas em que **pensar.**

  ↓ verbo ↓ verbo ↓ verbo
  (frase com três verbos, três orações)

- A frase formada por uma ou mais orações, ou seja, o enunciado com sentido completo formado por um ou mais verbos ou locuções verbais chama-se **período**. Observe.
  Pela madrugada Ana **acordou** e **ouviu** o choro da cunhada.
  O período é formado em torno de dois verbos, ou seja, tem duas orações.

Aplicando conhecimentos

1 Em relação aos períodos a seguir, localize os verbos e as locuções verbais; em seguida, responda: por quantas orações é formado cada um deles?

a) "No momento em que cravara a última cruz, Ana teve uma dúvida que a deixou apreensiva."
_____

b) "Ela estava tão cansada, tão tonta e confusa que nem tivera a ideia de verificar se o pobre do negro estava morto ou não."

c) "Tinham empurrado o corpo para dentro da cova e atirado terra em cima..."

d) "Ana olhava, sombria, para as sepulturas."

e) "Mal raiou o dia, Ana ouviu um longo mugido."

f) "Correu ao encontro da vaca, enlaçou-lhe o pescoço com os braços, ficou por algum tempo a sentir contra o rosto o calor bom do animal [...]"

2 Encaixe os verbos do quadro abaixo nas frases para formar períodos. Para isso, preste atenção às conjunções e o sentido que elas indicam.

aprender – haver – perceber – entrar – limpar – chegar – ter

a) Não vou _____ mais cedo na escola hoje, porque o ônibus atrasou.

b) Aqueles que _____ logo na sala sentarão na primeira fileira, entretanto, devido a essa proximidade, não poderão ver o espetáculo direito.

c) Logo que ele _____ o que estava acontecendo, foi embora.

d) Se o transporte escolar ficar muito caro, _____ de ir à pé.

e) Quem não sabe ouvir, _____ menos.

f) Arrumou as camas, fez o almoço, _____ os quartos, conforme _____ planejado desde manhã.

3 Agora, em vez de encaixar os verbos, você usará as conjunções do quadro para unir as orações e formar períodos. Indique quantas orações o período formado contém.

enquanto – que – porque – mas – e – como – se

a) O time de basquete não venceu. Não treinou o suficiente.

44

b) A mãe cozinhava. O bebê dormia e sonhava.
___

c) Tudo aconteceu logo. A mulher tinha avisado.
___

d) Tentou. Não conseguiu.
___

e) Saiu de casa. Fez caminhada. Deu uma passadinha na padaria. Comprou uns pães deliciosos.
___

f) Fez tanto esforço! Acabou esgotado.
___

g) Giovana brinca à noite. Dona Laura autoriza a amiga de Giovana a brincar também.
___

PRODUÇÃO DE TEXTO

Nesses dois primeiros capítulos, você pôde perceber a diferença entre um conto e um romance.

Como você deve se lembrar, um conto tem unidade de ação, ou seja, gira em torno de **um conflito; tem poucas personagens, espaço limitado e um curto tempo.**

Há a seguir situações que servirão como temática para a produção de contos. Escolha uma delas e elabore seu texto. O conjunto de contos produzidos por sua turma formará um livro que poderá circular na sala de aula e, na sequência, será doado à biblioteca.

PROPOSTA 1

Um rapaz encontra um espelhinho de bolso, bafeja-o para dar-lhe polimento, mas é surpreendido pelo reflexo de uma moça tristonha que parecia querer lhe pedir algo. Assim que desaparece a névoa do espelho, desaparece também o rosto da moça. O rapaz bafeja novamente e outra vez o reflexo tristonho lhe aparece.

PROPOSTA 2

Uma moça solitária adormece em sua casa. Ela sonha que caminha em um jardim, onde encontra seus pais mortos em um acidente. Ao acordar, encontra uma flor ao lado de sua face.

PROPOSTA 3

Um colecionador entra em uma loja de antiguidades e se encanta pelo pé de uma múmia. Pede para comprá-lo, mas o vendedor o adverte que não seria uma boa ideia, pois aquele seria o pé de uma princesa egípcia, filha de um faraó muito cruel. O colecionador, encantado, insiste e leva o pé para sua casa. Dorme. No sonho, uma princesa coberta de joias entra em seu quarto e reclama pelo pezinho. Ao despertar, sua cama está ensanguentada e ele está sem os pés.

PLANEJE SEU TEXTO

Responda a cada um dos itens do quadro como modo de planejamento. Amplie o número de itens, se precisar. Verifique se cumpriu o planejado na hora de avaliar o texto.

PARA ESCREVER O CONTO	
1. Qual é o público leitor do texto?	
2. Que linguagem vou empregar?	
3. Qual é a estrutura que o texto vai ter?	
4. Onde o texto vai circular?	

ORIENTAÇÕES PARA A PRODUÇÃO

1. O conto é um texto breve, que condensa grande significado e profundidade. Recorra a uma das três propostas apresentadas, defina qual será o conflito principal da história, responsável por desencadear a sequência da narrativa, e desenvolva o texto procurando criar símbolos e imagens. Para isso, utilize recursos como linguagem figurada, descrição, jogo de oposições etc.
2. Narre em 3ª pessoa.
3. Pense na solução e no desfecho considerando que ambos precisam estar de acordo com o restante das informações e só podem surgir quando o conflito estiver suficientemente desenvolvido.
4. Produza um título coerente com o conflito narrado.
5. Observe a coesão textual, evitando repetições desnecessárias.

AVALIAÇÃO E REESCRITA

Depois de terminar a produção, avalie:

1. O conto apresenta os elementos básicos de uma narrativa?
2. As personagens foram bem construídas? Suas características aparecem de forma marcante no texto?
3. O leitor consegue identificar os aspectos psicológicos das personagens, o tempo e o espaço da narrativa?
4. As orações estão bem construídas ou estão incompletas, confusas, truncadas?
5. O desfecho ocorre tendo como base uma solução consistente para o conflito?
6. Em sua opinião, o leitor ficaria envolvido ao ler o conto?

Faça uma revisão ortográfica do texto, reveja o uso da pontuação e só depois passe a narrativa a limpo. Entregue a primeira versão ao professor e, quando ela for devolvida, verifique o tipo de folha que ele indicará para compor o livro. Combinem coletivamente se os textos do livro serão digitados ou manuscritos.

LEIA MAIS

Nos dois capítulos desta unidade, você transitou entre textos e imagens. Também leu contos e fragmentos de romances. Tanto contos como romances apresentam versões adaptadas para o cinema, o teatro e, atualmente, já existem vários clássicos da literatura editados em quadrinhos. Veja este trecho do conto "Um músico extraordinário", de Lima Barreto, e anime-se para conhecer também as versões adaptadas dos romances que você já leu. Experimente ler primeiro o romance original e, na sequência, conheça a versão adaptada da obra. É um modo de conhecer um tipo específico de leitura do original e uma produção que tem outra finalidade.

Lima Barreto. *Literatura brasileira em quadrinhos*. São Paulo: Escala Educacional, s/d.

PREPARANDO-SE PARA O PRÓXIMO CAPÍTULO

Você gosta de ler poemas?

De que tipo de poemas você gosta mais? Você costuma ler poemas de amor?

Relembre seus poemas favoritos. Procure também outros livros de poesia. Pode ser na biblioteca da escola, na biblioteca do bairro, com amigos, familiares.

Faça então uma seleção dos poemas de amor de que você gosta. Dentre eles, escolha o poema que mais lhe agrada. Copie-o no caderno e ilustre-o.

O próximo capítulo tratará desse assunto.

Unidade 2

Imagens, palavras

Nesta unidade, você estudará:

- LINGUAGEM CONOTATIVA/DENOTATIVA

- METÁFORA

- CONJUNÇÕES E PERÍODO

- PERÍODO SIMPLES E PERÍODO COMPOSTO

- FIGURAS DE LINGUAGEM

- ESCANSÃO POÉTICA / SONETO / RIMAS

- ORAÇÕES COORDENADAS E ORAÇÕES SUBORDINADAS

- ORAÇÕES COORDENADAS SINDÉTICAS E ASSINDÉTICAS

PARA COMEÇO DE CONVERSA

1) O que mais chama a sua atenção nessa tela?

2) Que sensações e sentimentos essa tela provoca em você?

3) Que diferenças você observa entre os elementos que compõem as vestimentas das personagens retratadas?

Gustav Klimt. *O beijo*.
Óleo sobre tela, 1,80 m x 1,83 m, 1907-1908.

Österreichische Galerie, Viena (Áustria)

4) O quadro a seguir registra alguns elementos que podem ou não se referir à tela de Klimt. Identifique os elementos que são pertinentes à tela.

1) Tema da violência.
2) Tema do amor romântico.
3) Flores de cores viçosas.
4) Presença de tons muito escuros representando a dor.
5) Elementos visuais que remetem à atmosfera de um sonho.
6) Elementos visuais que remetem à realidade urbana.
7) Representação de elementos da natureza misturados ao humano.
8) Predominância do tom dourado (amarelado).

5) Com que adjetivos você caracterizaria *O beijo*, de Klimt?

6) Você gostou do quadro?

7) Faça uma pesquisa sobre a biografia de Gustav Klimt, o pintor do quadro.

Capítulo 1 — AMOR E POESIA

PRÁTICA DE LEITURA

Texto 1 - Poema

Órion

A primeira namorada, tão alta
que o beijo não alcançava,
o pescoço não alcançava,
nem mesmo a voz a alcançava.
Eram quilômetros de silêncio.
Luzia na janela do sobradão.

Carlos Drummond de Andrade. *Poesia completa*. Rio de Janeiro: Nova Aguilar, 2002.

Por dentro do texto

1 Órion é uma constelação de estrelas brilhantes e visíveis. Com base nessa definição, responda.

a) O poeta faz uma comparação no poema. Qual é essa comparação?

_____
_____
_____

b) O termo **Luzia** pode ser interpretado de duas maneiras diferentes no poema. Quais são elas? Identifique a classe gramatical a que essa palavra pertence em cada um dos sentidos.

_____
_____
_____

c) Interprete o seguinte verso.

> "Luzia na janela do sobradão."

_____
_____
_____

2 O que você compreendeu do verso "Eram quilômetros de silêncio"?

_____
_____
_____
_____

3 Que recurso usado na estrutura do poema reforça a ideia de silêncio?

_____
_____
_____
_____

> **Importante saber**
>
> Às vezes, utilizamos as palavras dando-lhes um significado novo, diferente do original. Essa forma do uso da palavra é chamada de **conotação**. Quando utilizamos a palavra em seu significado original, chamamos de **denotação**.
>
> Na linguagem poética, é bem comum o uso da linguagem **conotativa**, pois as palavras necessitam de significados novos para expressar a ideia de afetividade e subjetividade.
>
> Ao usar a linguagem conotativa para escrever um poema, o escritor explora maneiras diferentes de construir frases, criando as figuras de linguagem (ou figuras de estilo).
>
> As figuras de linguagem podem ser **semânticas** (do ponto de vista do significado), **fonéticas** (do ponto de vista dos sons das palavras) ou **sintáticas** (do ponto de vista da construção da frase).

4 Pelo poema, podemos dizer que a primeira namorada do eu poético era inatingível. Como o narrador construiu essa ideia no texto?

_____
_____
_____
_____

51

PRÁTICA DE LEITURA

Texto 2 – Romance (fragmento)

Prepare-se para se emocionar com a leitura de um trecho de um romance que tem entre as personagens o poeta chileno Pablo Neruda.

O carteiro e o poeta

– Dom Pablo?...

– Você fica aí parado como um poste.

Mário retorceu o pescoço e procurou os olhos do poeta, indo de baixo para cima. – Cravado como uma lança?

– Não, quieto como uma torre de xadrez.

– Mais tranquilo que um gato de porcelana?

Neruda soltou o trinco do portão e acariciou o queixo.

– Mário Jiménez, afora as *Odes elementares*, tenho livros muito melhores. É indigno que você fique me submetendo a todo tipo de comparações e metáforas.

– Como é, dom Pablo?!

– Metáforas, homem!

– Que são essas coisas?

O poeta colocou a mão sobre o ombro do rapaz.

– Para esclarecer mais ou menos de maneira imprecisa, são modos de dizer uma coisa comparando com outra.

– Dê-me um exemplo...

Neruda olhou o relógio e suspirou.

– Bem, quando você diz que o céu está chorando. O que é que você quer dizer com isto?

– Ora, fácil! Que está chovendo, ué!

– Bem, isso é uma metáfora.

– E por que se chama tão complicado, se é uma coisa tão fácil?

– Porque os nomes não têm nada a ver com a simplicidade ou complexidade das coisas. Pela sua teoria, uma coisa pequena que voa não deveria ter um nome tão grande como mariposa. Elefante tem a mesma quantidade de letras que mariposa, é muito maior e não voa – concluiu Neruda, exausto. Com um resto de ânimo indicou ao solícito Mário o rumo da enseada. Mas o carteiro teve a presença de espírito de dizer: – Puxa, eu bem que gostaria de ser poeta!

— Rapaz! Todos são poetas no Chile. É mais original que você continue sendo carteiro. Pelo menos caminha bastante e não engorda. Todos os poetas aqui no Chile são gorduchos.

Neruda retomou o trinco do portão e se dispunha a entrar quando Mário, olhando o voo de um pássaro invisível, disse:

— É que se eu fosse poeta poderia dizer o que quero.

— E o que é que você quer dizer?

— Bom, o problema é justamente esse. Como não sou poeta, não posso dizer.

[...]

Neruda apertou os dedos no cotovelo do carteiro e o foi conduzindo até o poste onde havia estacionado a bicicleta.

— [...] Agora vá para a enseada pela praia e, enquanto você observa o movimento do mar, pode ir inventando metáforas. – Dê-me um exemplo!...

— Olhe este poema: "Aqui na Ilha, o mar, e quanto mar. Sai de si mesmo a cada momento. Diz que sim, que não, que não. Diz que sim, em azul, em espuma, em galope. Diz que não, que não. Não pode sossegar. Chamo-me mar, repete, atirando-se contra uma pedra, sem convencê-la. E então, com sete línguas verdes, de sete tigres verdes, de sete cães verdes, de sete mares verdes, percorre-a, beija-a, umedece-a e golpeia o peito, repetindo seu nome".

Fez uma pausa satisfeita.

— O que você acha?

— Estranho.

— "Estranho." Mas que crítico mais severo!

— Não, dom Pablo. Estranho não é o poema. Estranho é como eu me sentia quando o senhor recitava o poema.

— Querido Mário, vamos ver se você desenreda um pouco, porque eu não posso passar toda a manhã desfrutando o papo.

— Como se explica? Quando o senhor dizia o poema, as palavras iam daqui para ali.

— Como o mar, ora!

— Pois é, moviam-se exatamente como o mar.

— Isso é ritmo.

— Eu me senti estranho, porque com tanto movimento fiquei enjoado.

— Você ficou enjoado...

— Claro! Eu ia como um barco tremendo em suas palavras.

As pálpebras do poeta se despregaram lentamente.

— "Como um barco tremendo em minhas palavras."

— Claro!

— Sabe o que você fez, Mário?
— O quê?
— Uma metáfora.
— Mas não vale porque saiu só por puro acaso.
— Não há imagem que não seja casual, filho.

Adaptado de Antonio Skármeta. *O carteiro e o poeta*. Rio de Janeiro: Record, 1996.

Por dentro do texto

1 Releia o seguinte trecho.

"— Bem, quando você diz que o céu está chorando. O que é que você quer dizer com isto?"

a) Qual o significado que o carteiro dá para "O céu está chorando"?

b) Essa expressão foi usada no sentido conotativo ou denotativo? Justifique sua resposta.

2 Que argumentos Neruda dá ao carteiro para que ele não se torne um poeta?

3 Releia o trecho a seguir.

"Aqui na Ilha, o mar, e quanto mar. Sai de si mesmo a cada momento. Diz que sim, que não, que não. Diz que sim, em azul, em espuma, em galope. Diz que não, que não. Não pode sossegar. Chamo-me mar, repete, atirando-se contra uma pedra, sem convencê-la. E então, com sete línguas verdes, de sete tigres verdes, de sete cães verdes, de sete mares verdes, percorre-a, beija-a, umedece-a e golpeia o peito, repetindo seu nome."

- Ao comentar o poema recitado pelo poeta, o carteiro diz: "Estranho". Explique, sem copiar do texto, o que ele quis dizer com esse adjetivo.

4 Que recurso foi utilizado para as palavras sugerirem, no poema, o movimento do mar?

_____

_____

5 Segundo a personagem do texto, o poeta Pablo Neruda, o que é uma metáfora? Retire do texto a explicação.

_____

_____

> **Importante saber**
>
> Como já vimos, os escritores fazem o uso da **linguagem conotativa**, ou seja, da linguagem figurada para atribuir novos significados às palavras.
>
> **Metáfora** é a figura de linguagem semântica que emprega um termo com o significado de outro, tendo em vista uma semelhança entre ambos.
>
> Entretanto essa aproximação das semelhanças não é estabelecida com o emprego de elementos linguísticos comparativos: como, tal que, igual a etc.
>
> Imagine que o poeta se referisse ao mar empregando esta frase:
>
> O **mar** é um **monstro verde** que golpeia a pedra.
>
> Nela ocorre uma metáfora, pois houve a aproximação semântica entre os termos: **mar** e **monstro verde**.
>
> O **mar**, no contexto, tem essas características: violento, forte e sua cor é esverdeada.
>
> O **monstro** é forte, violento, pois golpeia a pedra, umedece-a, embora a beije e sua cor seja verde.
>
> A metáfora na frase foi construída a partir das características comuns: violência, força e cor esverdeada.

6 Mais adiante, nesse mesmo romance, Mário diz à sua namorada que seu sorriso é uma borboleta. Explique a metáfora que o carteiro construiu com essa frase.

_____

_____

7 Por que Mário queria ser poeta?

_____

_____

8 Agora, com os pares de palavras do quadro, tente construir metáforas.

mar e manto	casa e paraíso	vida e tempestade

_____

_____

REFLEXÃO SOBRE O USO DA LÍNGUA

Conjunções e período

1 Releia o trecho a seguir.

> "Neruda soltou o trinco do portão e acariciou o queixo."

a) Quantos e quais verbos há nesse período?
_____
_____

b) Como já vimos, **oração** é o enunciado que se organiza em torno de um verbo. Sendo assim, quantas e quais orações há nesse período?
_____
_____

c) Que elemento estabelece uma ligação entre as duas orações do período?
_____

2 Agora, observe um outro período e identifique que elemento estabelece uma relação entre as duas orações.

> "– Eu me senti estranho, porque com tanto movimento fiquei enjoado."

_____

Lembre-se

Damos o nome de **conjunção** à palavra ou expressão que relaciona duas orações em um período. Veja os exemplos.

"Mário retorceu o pescoço / **e** procurou os olhos do poeta [...] – Você fica aí parado / **como** um poste [fica parado]."

Uma conjunção também pode ligar dois termos que tenham a mesma função sintática na oração. Observe:

"Porque os nomes não têm nada a ver com a simplicidade **ou** complexidade das coisas.
É indigno que você fique me submetendo a todo tipo de comparações **e** metáforas."

3 Já aprendemos que um enunciado com sentido completo, formado por um ou mais verbos ou locuções verbais, recebe o nome de **período**.

"– Claro!

– Sabe o que você fez, Mário?

– O quê?

– Uma metáfora.

– Mas não vale porque saiu só por puro acaso.

– Não há imagem que não seja casual, filho."

- Copie os enunciados do trecho acima que podem ser considerados períodos. Depois, sublinhe os verbos dos períodos que você transcreveu e informe por quantas orações cada um deles é formado.

_____
_____
_____
_____

Importante saber

Damos o nome de **período simples** ao período formado por uma única oração, ou seja, por um único verbo ou locução verbal. Veja o exemplo.

"– Você **ficou** enjoado..."

Ao período formado por duas ou mais orações, ou seja, por dois ou mais verbos ou locuções verbais, damos o nome de **período composto**. Veja o exemplo.

"Estranho **é** / como eu me **sentia** / quando o senhor **recitava** o poema."

Aplicando conhecimentos

1. Abaixo de cada um dos períodos a seguir, escreva se a conjunção liga orações ou liga termos que exercem a mesma função sintática dentro da oração.

a) Você precisa escolher: é tudo **ou** nada.
_____

b) Você precisa escolher: é pegar **ou** largar.
_____

c) Vida **e** morte são dois lados da mesma moeda.
_____

d) Viver **e** morrer são dois lados da mesma moeda.
_____

2 Copie as conjunções que estão ligando orações.

a) "– Mas não vale porque saiu só por puro acaso."

_____

b) "– [...] Estranho é como eu me sentia quando o senhor recitava o poema."

_____

c) "– [...] Agora vá para a enseada pela praia e, enquanto você observa o movimento do mar, pode ir inventando metáforas."

_____

d) "– Querido Mário, vamos ver se você desenreda um pouco, porque eu não posso passar toda a manhã desfrutando o papo."

_____

3 Releia este trecho e escreva o que se pede.

"– Rapaz! Todos são poetas no Chile. É mais original que você continue sendo carteiro. Pelo menos caminha bastante e não engorda. Todos os poetas aqui no Chile são gorduchos."

a) A única frase que não pode ser considerada um período.

_____

b) Dois períodos simples.

_____

c) Dois períodos compostos.

_____

d) Uma conjunção.

_____

4 Leia a letra de canção a seguir, composta pelo guitarrista e vocalista Samuel Rosa, da banda Skank.

Te ver

Te ver e não te querer
É improvável, é impossível
Te ter e ter que esquecer
É insuportável, é dor incrível

> É como mergulhar num rio e não se molhar
> É como não morrer de frio no gelo polar
> É ter o estômago vazio e não almoçar
> É ver o céu se abrir no estio e não animar
>
> Samuel Rosa; Lelo Zanetti; Chico Amaral.
> Em: Calango (CD). Sony, 1994.

a) De que modo é possível interpretar os quatro primeiros versos da canção? Responda considerando que os versos seguintes completam o sentido da primeira estrofe.

b) No início da segunda estrofe, o eu poético busca explicar o que disse antes por meio de exemplos, fazendo isso por meio de uma comparação. Que palavra, usada mais de uma vez, expressa essa comparação?

c) Os versos da canção são formados por períodos simples ou compostos?

d) Identifique os verbos e o número de orações que formam os versos a seguir.

- Te ver e não te querer

- É improvável, é impossível

e) Identifique agora os verbos, o número de orações e as conjunções presentes nos versos a seguir.

- Te ter e ter que esquecer

- É insuportável, é dor incrível

- É como mergulhar num rio e não se molhar

f) Suponha que você tenha de fazer uma comparação semelhante às que foram feitas nessa canção para falar do sentimento expresso pelo eu poético. Crie dois períodos compostos usando rimas, completando os versos a seguir.

> Te ter e não te querer
>
> É improvável, é impossível [...]
>
> É como _____ e não _____
>
> É como _____ e não _____

PRÁTICA DE LEITURA

Texto 3 – Poema

Que tal aprender mais sobre figuras de linguagem lendo os próximos textos?

Lira do amor romântico ou a eterna repetição

Atirei um limão n'água
e fiquei vendo na margem.
Os peixinhos responderam:
Quem tem amor tem coragem.

[...]

Atirei um limão n'água
mas perdi a direção.
Os peixes, rindo, notaram:
Quanto dói uma paixão!

Atirei um limão n'água,
ele afundou um barquinho.
Não se espantaram os peixes:
faltava-me o teu carinho.

Atirei um limão n'água,
o rio logo amargou.
Os peixinhos repetiram:
É dor de quem muito amou.

Atirei um limão n'água,
o rio ficou vermelho
e cada peixinho viu
meu coração num espelho.

[...]

Atirei um limão n'água,
antes atirasse a vida.
Iria viver com os peixes
a minh'alma dolorida.

[...]

Atirei um limão n'água,
caiu certeiro: zás-trás.

Bem me avisou um peixinho:
Fui passado pra trás.

Atirei um limão n'água,
de clara ficou escura.
Até os peixes já sabem:
você não ama: tortura.

Atirei um limão n'água
e caí n'água também,
pois os peixes me avisaram,
que lá estava meu bem.

Atirei um limão n'água,
foi levado na corrente.
Senti que os peixes diziam:
Hás de amar eternamente.

Carlos Drummond de Andrade. *Amar se aprende amando.*
24. ed. Rio de Janeiro: Record, 2001.

Por dentro do texto

1. Nos versos do poema, ocorre a personificação de um ser da natureza. Que ser é esse?
_____

2. De acordo com o poema, podemos atribuir sabedoria a elementos da natureza? Confirme sua resposta com versos do próprio poema.
_____
_____

3. Leia apenas o último verso de cada estrofe. O que podemos concluir sobre a condição do eu poético a partir deles?
_____

4. Releia esta estrofe.

> "Atirei um limão n'água,
> o rio logo amargou.
> Os peixinhos repetiram:
> É dor de quem muito amou."

a) O que você entende por **o rio logo amargou**?
_____

b) Nessa estrofe, o narrador utilizou o verbo **amargar** no sentido de amargo, triste. Essa qualidade é comum para o substantivo **rio**?
_____
_____

> **Importante saber**
> **Prosopopeia** é a figura de linguagem semântica que personifica, ou seja, dá características humanas a outros seres.

5 Na estrofe a seguir, nota-se certo **exagero** nas palavras do poeta. Sublinhe o verso que ilustra esse exagero.

> "Atirei um limão n'água,
> foi levado na corrente.
> Senti que os peixes diziam:
> Hás de amar eternamente."

> **Importante saber**
> **Hipérbole** é a figura de linguagem semântica que, por meio do exagero, procura tornar uma ideia mais expressiva.

6 Qual é a intenção do poeta ao usar essa figura de linguagem?

___
___

7 Observe a estrofe.

> "Atirei um limão n'água,
> caiu certeiro: zás-trás.
> Bem me avisou um peixinho:
> Fui passado pra trás."

a) O que lembra, para você, o som **zás-trás**?

___
___

b) Com que objetivo o poeta usou esse som?

___
___

> **Importante saber**
> **Onomatopeia** é a figura de linguagem fonética que consiste na imitação do som ou voz natural dos seres.

c) Podemos afirmar que a expressão **zás-trás** é uma **onomatopeia**? Por quê?

_____
_____

8 Como você explica o subtítulo "[...] ou a eterna repetição"?

_____
_____
_____
_____
_____

9 Separe as sílabas dos versos abaixo de acordo com a forma como você pronuncia cada uma delas. Depois, conte o número de sílabas até a última tônica, ou seja, até a sílaba mais forte da última palavra.

> "Atirei um limão n'água
> e fiquei vendo na margem.
> Os peixinhos responderam:
> Quem tem amor tem coragem."

Veja um exemplo.

A	ti	rei	um	li	mão	n'á-gua	→ 7 sílabas poéticas
1	2	3	4	5	6	7	

Observe que "n'á" representa duas sílabas gramaticais: **na** e **á**. Mas só há, nesse caso, uma única emissão sonora.

- Agora, é a sua vez. Faça o restante no caderno.

Importante saber

O que você acabou de fazer chama-se **escansão poética**, ou seja, a análise da estrutura rítmica de um poema. A sílaba poética é diferente da gramatical, pois é contada de acordo com a forma como pronunciamos o verso até a última sílaba tônica. É uma medida sonora cuja cadência dá ritmo ao texto.

Os versos são classificados de acordo com o número de sílabas. No exemplo anterior, o primeiro verso é um heptassílabo ou redondilha maior, pois contém sete sílabas poéticas.

Os versos que não obedecem a nenhuma regra métrica e nem apresentam rimas são chamados de versos livres.

10 Escolha mais dois versos do poema e faça a escansão.

_____
_____

> **Importante saber**
>
> O poema "Lira do amor romântico" é constituído por **quadras**. Uma quadra (ou quarteto) é um poema constituído de **quatro versos** (ou linhas). Ao conjunto das linhas chamamos **estrofe**.
>
> As quadras são estruturas literárias utilizadas com frequência na divulgação da cultura popular. Veja essa quadra, bastante conhecida, e observe como também foi construída com redondilhas maiores.
>
> "Batatinha quando nasce
> Esparrama pelo chão
> Menininha quando dorme
> Põe a mão no coração."

11 Você conhece outras quadras populares? Registre-as abaixo.

_____
_____

PRÁTICA DE LEITURA

Texto 4 – Poema

Essa que eu hei de amar

Essa que eu hei de amar perdidamente um dia

será tão loura, e clara, e vagarosa, e bela,

que eu pensarei que é o sol que vem, pela janela,

trazer luz e calor a esta alma escura e fria.

E, quando ela passar, tudo o que eu não sentia

da vida há de acordar no coração, que vela...

E ela irá como o sol, e eu irei atrás dela

como sombra feliz... – Tudo isso eu me dizia,

quando alguém me chamou. Olhei: um vulto louro,

e claro, e vagaroso, e belo, na luz de ouro

do poente, me dizia adeus, como um sol triste...

E falou-me de longe: "Eu passei a teu lado,

mas ias tão perdido em teu sonho dourado,

meu pobre sonhador, que nem sequer me viste!"

Guilherme de Almeida. *Meus versos mais queridos*. Rio de Janeiro: Ediouro,1988.

Por dentro do texto

1. A que elemento da natureza a mulher amada é comparada? Copie o trecho do texto que confirma sua resposta.

2. Que palavras e expressões foram usadas na comparação citada na questão 1?

3. Que relação a expressão "sonho dourado" estabelece com a comparação feita no poema?

4. Identifique e transcreva os trechos do poema que podem comprovar que o eu poético fala de um amor futuro e que a mulher é alguém que ele ainda não conhece.

5. Que oposição de ideias é apresentada na primeira estrofe? Identifique-a e explique o significado da metáfora presente nesse verso.

6 Na terceira estrofe, o eu poético apresenta uma repetição. Identifique-a e explique que efeito de sentido ela provoca no texto.

_____

_____

7 O eu poético consegue viver o seu amor com a mulher descrita no poema? Explique sua resposta e transcreva um trecho que a comprove.

_____

_____

Texto e construção

1 Como você já sabe, estrofe é um conjunto de versos, e verso é cada linha que compõe o poema. Com essas informações, diga quantas estrofes compõem o poema "Essa que eu hei de amar". E quantos versos tem cada estrofe?

_____

_____

> **Importante saber**
> **Soneto** é o nome de uma forma fixa de poema que possui quatro estrofes, sendo as duas primeiras quartetos (quatro versos) e as duas últimas tercetos (três versos).

2 Podemos afirmar que o poema de Guilherme de Almeida é um soneto?

_____

3 Verifique se mais algum dos poemas que você leu neste capítulo pode ser classificado como soneto.

_____

_____

4 Todos os versos do soneto "Essa que eu hei de amar" são formados pela mesma quantidade de sílabas poéticas. Quantas sílabas poéticas há em cada verso?

_____

5 O poema menciona a fala de uma outra pessoa, que não o eu poético. Identifique-a.

_____

_____

6 O poema apresenta rimas? Se sim, elas são internas ou externas?

_____

_____

7 Releia essas estrofes.

> quando alguém me chamou. Olhei: um vulto louro, (A)
> e claro, e vagaroso, e belo, na luz de ouro (A)
> do poente, me dizia adeus, como um sol triste... (B)
>
> E falou-me de longe: "Eu passei ao teu lado, (C)
> mas ias tão perdido em teu sonho dourado, (C)
> meu pobre sonhador, que nem sequer me viste!" (B)

a) Identifique as rimas presentes nessas estrofes.

___

Importante saber

Chamamos de **emparelhadas** as rimas que se sucedem duas a duas (AABB), de **opostas** as que se opõem (ABBA), de **alternadas** as que se alternam (ABAB) e de **mistas** as que apresentam outros tipos de combinações.

b) Classifique as rimas dos quartetos do poema "Essa que eu hei de amar", de acordo com as informações do quadro acima.

___

8 Leia o texto a seguir.

> O grande pintor impressionista Degas vivia querendo escrever um poema – sem conseguir. Um dia, chegou-se para o seu amigo Mallarmé e disse: "Stéphane, ideias maravilhosas não me faltam – mas eu não consigo fazer um poema". Respondeu o Mestre: "Meu caro Edgar, poemas não se fazem com ideias – mas com palavras".

- Depois de ler essa pequena história e analisar alguns poemas quanto ao significado, à forma (sons, ritmos) e às imagens, o que você diria sobre a importância da sonoridade das palavras? Como se constrói o sentido de um poema?

___

67

Importante saber

O **poema** é um gênero textual estruturado em versos, podendo ou não ter **rimas**.

Como já vimos anteriormente, cada linha do poema corresponde a um **verso**. Ao conjunto de versos damos o nome de **estrofe**.

As palavras ou expressões utilizadas nos poemas podem ter vários significados, ou seja, em geral empregam uma **linguagem figurada**, sendo necessária a interpretação do que querem expressar.

A intenção de um poema pode ser a de emocionar o leitor, propor uma reflexão, apresentar os sentimentos, as ideias e as emoções do poeta diante das situações da vida.

Chamamos de poesia aquilo que evoca o sentimento do belo e o que é comovente. Pode haver poesia em um poema, um quadro, em uma foto etc. Chamamos de poema o texto poético escrito em versos.

PRODUÇÃO DE TEXTO

Vamos realizar uma roda de poemas da turma?

Escreva seu próprio poema sobre o tema do amor, do namoro. Você poderá usar o que aprendeu neste capítulo para criar sua produção.

Em seguida, declame o texto para a turma numa roda de poemas. Nesse dia, vocês poderão preparar uma ambientação na sala e selecionar uma música para tocar como fundo musical das declamações.

Outra opção é preparar saraus curtos, que possam ser realizados na hora do intervalo nos corredores da escola, promovendo a semana de poemas. Solicite que um professor acompanhe esse momento, a fim de assegurar a organização do público, que apreciará as declamações no momento em que os alunos estiverem se apresentando. Depois das declamações, os poemas poderão compor um varal.

PLANEJE SEU TEXTO

Responda a cada um dos itens do quadro como modo de planejamento. Amplie o número de itens, se precisar. Verifique se cumpriu o planejado na hora de avaliar o texto.

PARA ESCREVER O POEMA	
1. Qual é o público leitor do texto?	
2. Que linguagem vou empregar?	
3. Qual é a estrutura que o texto vai ter?	
4. Onde o texto vai circular?	

ORIENTAÇÕES PARA A PRODUÇÃO

- Escreva alguns versos, observando a seleção das palavras e a combinação dos sons.
- Organize os versos e verifique se eles produzem os efeitos que deseja quanto ao sentido, à sonoridade e ao ritmo do poema. Recorra aos recursos estudados neste capítulo e lembre-se de que um poema não precisa necessariamente ter rimas.
- Organize a escrita do texto no espaço da folha: você já sabe que a forma usada para escrever um poema não obedece à organização em parágrafos.
- Lembre-se de que as figuras de linguagem, a conotação, são muito presentes nesse gênero de texto. Reveja alguns exemplos estudados e lance mão desse recurso para construir os versos.
- Combine com seus colegas de classe o dia e o horário para as rodas de leitura ou para os minissaraus.
- Decidam coletivamente qual será a melhor maneira de divulgar esse evento.
- Por fim, organizem um varal com os textos para que outras pessoas possam ter acesso aos poemas produzidos por sua turma.

AVALIAÇÃO E REESCRITA

- Faça uma leitura do poema em voz alta e verifique se quer retomá-lo, alterar as palavras e a combinação delas, acrescentar ou retirar versos, continuar o texto. Proceda com as modificações até que conclua seus objetivos.
- Não deixe de fazer a revisão de seu texto antes de divulgá-lo. Considere a clareza das ideias, as orientações dadas para a composição do poema.
- Não se esqueça da correção ortográfica. Para isso, utilize o dicionário.
- Passe o texto a limpo, se possível em folha ilustrada ou colorida, e coloque-o no varal em exposição.

LEIA MAIS

Nem todas as pessoas têm o hábito de ler poemas. Alguns gostam bastante do gênero, outros acabam por deixá-lo de lado. Mas vale a pena conhecer mais e mais a linguagem e o trabalho de grandes poetas. Os poemas estão por toda parte: em livros, revistas, jornais, *sites*, saraus, programas de tevê, propagandas, entre outros. Vá ao encontro deles. Vale também conversar com alguém que os aprecia, pois poderá indicar a você as boas leituras que já fez.

PREPARANDO-SE PARA O PRÓXIMO CAPÍTULO

Você já parou para refletir sobre o tempo que a TV e a internet ocupam em sua vida?

Procure pensar sobre quanto tempo por dia você fica diante do computador e da televisão. No próximo capítulo, haverá discussões a respeito desse assunto.

Capítulo 2
OUTRAS PAIXÕES, OUTRAS LINGUAGENS

PRÁTICA DE LEITURA

Texto 1 – Romance (fragmento)

Antes de ler

1. O texto que você vai ler trata da paixão pela TV, da impossibilidade de se viver sem suas cores e seus temas. Sabendo do assunto e lendo o título do texto, o que já podemos imaginar a respeito deste menino?

2. Será que uma história como essa poderia ser real?

O menino sem imaginação

Maria botou o jantar e pela primeira vez, desde que nasci, vi toda a família reunida à volta da mesa.

– Como nos velhos tempos! – exclamou o vovô satisfeito.

Ele disse que no passado era assim: as pessoas sentavam juntas, conversavam e trocavam ideias na hora das refeições. Disse que foi a chegada da televisão que provocou uma debandada geral. Eu fiquei calado, mas me irrita muito ver alguém falando mal da televisão. Para mim ela apenas permitiu que cada um comesse quando quisesse, porque as pessoas não são obrigadas a sentir fome à mesma hora.

– Vamos conversar sobre o quê? – perguntou o vovô; que não obtendo resposta continuou.

– Não podemos perder esta oportunidade. Ela talvez não se repita nunca mais.

– Qualquer coisa – resmungou mamãe desinteressada.

– Eu queria fazer um comentário sobre o jogo...

– Ah! Futebol não! – mamãe cortou a frase de papai.

– Então vamos meter o pau no Governo – propôs vovô.

– Política nem pensar! – voltou mamãe.

– Existe algum tema mais relevante do que o sumiço da televisão? – indagou titia.

– Ah! Eu não aguento falar mais sobre isso! – disse papai.

– Nem eu! – concordou a mana.

E mergulhamos todos num longo silêncio.

Eu havia colocado Fantástica sobre o aparador, na minha frente, mantendo seu controle remoto ao lado do meu prato, como um talher. Não acreditava que a TV fosse demorar muito mais fora do ar, porque papai falou que os donos das emissoras são poderosos "e logo vão dar um jeito nisso".

Eu dava uma garfada, ligava e desligava Fantástica; dava outra garfada, ligava e desligava e ligava e desligava, até que papai saiu do seu silêncio e bateu na mesa:

– Para com isso, Tavinho! Que mania!

– Só quero saber quando a imagem vai voltar.

– Você vai saber! Vai ser uma barulhada infernal por esse país afora!

A comida estava uma gororoba intragável. Maria é uma grande cozinheira, mas desta vez errou a mão, salgou tudo e queimou o arroz. Eu deixei cair um pedaço de goiabada no chão, titia se engasgou com a farofa e mamãe virou a garrafa de água na toalha. Minha irmã, que não perde uma chance, falou que "o sumiço da televisão está mexendo com o equilíbrio de muita gente". Mamãe, que se manteve calada o tempo todo, resolveu apelar:

– Amanhã cedinho vou à igreja iniciar uma novena para Nossa Senhora fazer com que a televisão volte logo.

– E eu vou à minha astróloga – emendou titia. – Talvez a conjuntura astrológica explique alguma coisa...

– E eu vou procurar o pastor da minha igreja – arrematou Maria, de passagem.

O jantar acabou e as pessoas ficaram vagando pelo apartamento feito almas penadas. Eu mesmo não sabia o que fazer. Experimentava uma sensação esquisita, das naves. Foi me dando sono, uma vontade de me encolher debaixo das cobertas.

Minha irmã, ao me ver acabrunhado num canto, veio até mim:

– Não fique assim, irmãozinho – disse carinhosa.

— Fico sim – resmunguei. – A vida perdeu o sentido para mim.

— Que bobagem! – ela sorriu meiga. – A televisão é um eletrodoméstico.

— Pra mim é muito mais! É minha razão de viver!

— A humanidade viveu milhares de anos sem televisão, Tavinho, e nunca deixou de fazer as coisas.

— Pois eu sou aquela parte da humanidade que não sabe fazer as coisas sem televisão. A mana sorriu e afagou meus cabelos, delicada:

— Não adianta ficar emburrado. Faz o jogo do faz de conta. Às vezes é preciso brincar para se suportar melhor a realidade.

— Faz de conta o quê? O quê? – perguntei desafiador.

— Por que você não faz de conta que engoliu a TV? – lá vinha ela com suas birutices.
— Eu? Engolir a televisão?

— Você não diz que lembra de tudo o que vê na televisão? Então. Feche os olhos e faz de conta que a televisão está dentro de você. Pega os programas que quiser na sua telinha interior.

Fechei os olhos e só então percebi que lembrava apenas de cenas fragmentadas, nunca dos programas inteiros, como tinham ido ao ar.

— O que estiver faltando – disse ela – você completa com sua imaginação!

Era impossível: eu "via" uma cena ou duas ou três, e quando elas acabavam minha cabeça não sabia para onde ir. Antes que minha irmã começasse a desconfiar da minha falta de imaginação, resolvi parar:

— Escuta, mana, não precisa se preocupar comigo. Faz de conta que não estou aqui; faz de conta que só volto quando a televisão entrar no ar, tá?

[...]

Na sala todos procuravam fingir indiferença diante da falta de televisão. Papai ouvia música clássica, recolhido ao seu silêncio costumeiro, mas de vez em quando abria um olho na direção da Fantástica sobre o aparador. Titia lia jornal sem mudar de página e volta e meia aproximava o ouvido do radinho de vovô para escutar as notícias. Vovô era o único que parecia realmente despreocupado: de radinho na mão, viajava de volta à sua juventude.

Mamãe escondia sua ansiedade no telefone, onde se pendurou desde que saiu da mesa. Ela é fanática por telenovelas: vê reprises, lê os resumos dos capítulos, sabe tudo o que vai acontecer e conversa mais com os personagens do que com papai. Depois de mim, ela é a pessoa que passa mais tempo na frente da televisão; diferente de papai, que só aparece para ver esportes, e da mana, que só assiste a esses programas do mundo animal para ficar perguntando se a gente sabe como se reproduz o ornitorrinco.

— Tavinho! Tive uma ideia! Corre lá no videoclube do shopping e pega um filme pra gente assistir.

Eu não suporto fita de vídeo. Ninguém entende como eu, gostando tanto de televisão, detesto essas fitas. Explico: os vídeos não têm vida própria, vivem de explorar a televisão. Minha irmã diz que o videocassete está para a televisão como o boneco do ventríloquo para o ventríloquo. Faltam canais ao vídeo, faltam comerciais, atualidade, variedade e sobretudo a vibração dos televisores.

A ideia de mamãe, porém, foi muito bem recebida por todos e até Maria surgiu na sala com cara de sono. Acho que na falta de televisão todo mundo sentiu vontade de olhar para a telinha.

– Que gênero, mãe?

Ela tornou a segurar o fone, aflita:

– Qualquer um, drama, comédia, policial. Traz uns três! Não, traz cinco! Chama sua irmã para ir com você! Espera! Pega uns dez!

Carlos Eduardo Novaes. *O menino sem imaginação*. 6. ed. São Paulo: Ática, 1997.

Por dentro do texto

1 Com base na leitura do texto, explique por que o autor deu esse título para a história.

2 Como a personagem principal reagiu diante do "sumiço da televisão"?

3 O que você imagina que a personagem quis dizer com "Engolir a televisão?"?

4 Dentre todas as personagens, qual é a que mais sofre com a falta da televisão, e qual é a que não sente falta nenhuma dela? Por quê? Justifique sua resposta.

_____

_____

5 Quando Tavinho diz: "[...] pela primeira vez desde que nasci, vi toda a família reunida à volta da mesa", o que se pode perceber sobre a rotina da casa?

_____

_____

- O que você achou da família de Tavinho? Ela é muito diferente da sua?

_____

_____

6 Hoje em dia, não é apenas a tevê que toma o tempo das pessoas, mas também a internet. Quantas horas por dia você fica diante do computador? Você acha que é muito ou pouco tempo? Por quê? Trocaria essas horas por outro tipo de lazer?

_____

_____

PRÁTICA DE LEITURA

Texto 2 – Ensaio (fragmento)

Antes de ler

Você sabe o que é um ensaio? Como gênero textual, o ensaio se caracteriza como um diálogo intimista, um texto que se propõe a refletir, com o leitor, a respeito de um tema. Escrito em prosa, apresenta uma linguagem mais informal e uma estrutura de texto predominantemente argumentativa. Descubra por que chamamos o texto a seguir de ensaio.

Fascínio, modelos e linguagem da TV

Todas as noites, às oito horas, a casa da vovó ficava cheia. Uns chegavam em cima da hora, outros já estavam lá esperando desde cedo. Conversavam sobre muitos assuntos, mas o motivo mesmo de tão frequente visita era a televisão. Vovó era a única da rua que possuía televisão. Eu me lembro que, nos domingos à tarde, toda a molecada da rua vinha à casa da vovó assistir à televisão. Ficavam empoleirados na escada, e não havia espetáculo mais atraente do que aquele cineminha de graça.

Talvez por já estar acostumado, eu conseguisse entender o porquê de tamanha curiosidade quanto aos desenhos animados: o aparelho era uma grande novidade.

À noite, mudava o público. Antes, a casa da vovó não ficava tão cheia, com tanta frequência. Com a chegada do aparelho, as pessoas vinham, cumprimentavam-se, sentavam-se e logo começavam a ver televisão. Eram os "televizinhos", como se dizia na época.

Hoje isso já não existe porque todo mundo tem televisão. O aparelho tornou-se presença obrigatória nos lares.

A televisão daquela época era mágica. Embora transmitisse em branco e preto programas feitos sem profissionalismo, com imagens tecnicamente ruins, ela possuía um fascínio único. As pessoas falavam com os apresentadores, achando que estavam sendo vistas, paravam de conversar a cada momento, ficavam magnetizadas pelo novo aparelho e só voltavam ao normal quando o desligavam. Mas sua sedução permanecia. Desligar o aparelho parecia um retorno ao ambiente de casa, ao cotidiano, à mesmice das histórias de rua, dos parentes, dos amigos. Ligá-lo, ao contrário, abria um espaço para se entrar em outros mundos.

Muito se falou – e ainda se fala – que a televisão veio suprimir o diálogo doméstico, a conversa das pessoas. Pode ser. Em alguns casos. Em outros, ela veio introduzir diálogos e discussões.

Por ser um **meio totalizante**, ela inova, apresentando exemplos de vida, de ambientes, de situações que acabam funcionando como modelos. Se as conversas domiciliares giravam em torno do conhecido (a rua, a família, os parentes) ou da vida pública (a política, a religião, o futebol), a televisão traz agora "novos momentos", novas realidades, que mostram mundos desconhecidos e inovadores para o público. Nesse sentido, ela amplia os antigos horizontes de discussão e o diálogo das pessoas, dilatando sua vivência com esses novos dados. O rádio executava essa função de forma menos marcante e, sendo um veículo parcial, a imaginação do ouvinte completava o quadro, imaginando a cena. A mensagem, portanto, restringia-se ao previamente conhecido.

A televisão fascina por outros meios e de maneira mais perspicaz que as demais formas de comunicação: ela introduz uma linguagem diferente, que primeiro atrai o receptor, para depois ser incorporada por ele. Nessa medida, ela muda completamente – através de um fato técnico, de sua linguagem – os hábitos de recepção e de percepção da sociedade e da cultura.

Durante boa parte do século XX, o rádio ocupou o lugar da televisão como principal meio de comunicação. E até hoje é veículo de forte penetração.

Ciro Marcondes Filho. *Televisão: a vida pelo vídeo*. São Paulo: Moderna, 1988.

Por dentro do texto

1 Selecione um trecho desse texto para fazer um comentário oral sobre o que compreendeu dele.

_____
_____
_____

2 Há alguma(s) palavra(s) do texto que você não tenha compreendido? Cite-a(s) para que seus colegas e seu professor ajudem você a entender o sentido dela(s) no texto.

_____
_____
_____
_____

3 O texto refere-se à TV como um **meio totalizante**. Ela é um meio totalizante porque apresenta modelos de comportamento; mostra novas realidades, amplia horizontes, discussões, favorece novas experiências. E a internet, também podemos considerá-la um meio totalizante?

_____
_____
_____
_____

4 O ensaio afirma que a TV apresenta uma linguagem diferente. Como é essa linguagem? O que você sabe sobre isso?

_____
_____
_____
_____

5 Que mudanças a TV e sua nova linguagem introduziram? Justifique sua afirmação apoiando-se no texto "O menino sem imaginação".

_____
_____
_____
_____

REFLEXÃO SOBRE O USO DA LÍNGUA

Orações coordenadas e orações subordinadas

1 Releia este trecho do texto "Fascínio, modelos e linguagem da TV".

> "A televisão daquela época era mágica. Embora transmitisse em branco e preto programas feitos sem profissionalismo, com imagens tecnicamente ruins, ela possuía um fascínio único."

a) Quantos verbos existem nesse trecho? Quantas orações existem em cada uma das frases?

b) Os períodos são simples ou compostos? Por quê?

2 Releia este trecho de "O menino sem imaginação".

> "[...] as pessoas sentavam juntas, conversavam e trocavam ideias na hora das refeições."

Observe:

1ª oração: as pessoas **sentavam** juntas,

2ª oração: (as pessoas) **conversavam**

3ª oração: e (as pessoas) **trocavam** ideias na hora das refeições.

- Cada oração, sozinha, tem um sentido completo. Sendo assim, é possível perceber uma independência sintática, pois todas as informações apresentam um sujeito e um predicado. Qual é o sujeito de cada uma das orações?

Observe que a 2ª oração aparece separada da 1ª apenas por uma vírgula; a 3ª é introduzida por uma conjunção – **e**. Dizemos que o período é formado por **orações coordenadas**. A conjunção **e** expressa ideia de adição, ou seja, alguma informação foi acrescentada à ideia anterior.

> **Importante saber**
>
> Quando as orações são colocadas em ordem, (ordenadas) sem depender sintaticamente umas das outras, são chamadas de **orações coordenadas**.
>
> Uma oração coordenada expressa uma ideia completa em si mesma e um **período composto por coordenação** pode facilmente ser fragmentado, de modo que suas orações se transformem em períodos simples. Veja o exemplo.
>
> As pessoas vinham, cumprimentavam-se, sentavam-se e assistiam ao programa.
>
> Esse período poderia ser fragmentado da seguinte forma:
>
> As pessoas vinham. Cumprimentavam-se. Sentavam-se. E assistiam ao programa.

3 Observe os diferentes períodos compostos, retirados do texto de Ciro Marcondes Filho.

- É óbvio que o aparelho de televisão não é por si só fascinante.
- Conversavam sobre muitos assuntos, mas o motivo de tão frequente visita era a televisão.

a) Em qual dos períodos as orações que o compõem podem ser separadas e formar novo período sem prejudicar a ideia expressa?
_____
_____

b) Indique em qual dos períodos compostos as orações mantêm entre si uma relação de interdependência, ou seja, uma não faz sentido sem a outra.
_____
_____
_____

> **Importante saber**
>
> A **oração subordinada** é aquela que expressa uma ideia incompleta, estando ligada necessariamente a uma outra **oração**, chamada **principal**.
>
> Veja mais exemplos.
>
> Eles pensavam que o apresentador os enxergava.
>
> A família discute coisas   que não conheceria sem a TV.
>
> **oração principal   oração subordinada**
>
> Um período pode ser composto de três maneiras diferentes:

1ª **Período composto por coordenação** – formado apenas por orações coordenadas.

Exemplo:

As pessoas sentavam juntas, / conversavam / e trocavam ideias na hora das refeições.

2ª **Período composto por subordinação** – formado apenas por orações subordinadas.

Exemplo:

Eu me lembro / que, nos domingos à tarde, toda a molecada da rua vinha à casa da vovó / assistir à televisão.

3ª **Período composto por coordenação e subordinação** – formado por orações coordenadas e orações subordinadas.

Exemplo:

Com a chegada do aparelho, as pessoas vinham, / cumprimentavam-se, / sentavam-se/ e logo começavam / a ver televisão.

4 Que relação a palavra **mas** estabelece no período apresentado a seguir?

"Conversavam sobre muitos assuntos, mas o motivo mesmo de tão frequente visita era a televisão."

Importante saber

Para realizarmos ou compreendermos as **relações estabelecidas pelos conectivos**, precisamos conhecer o sentido que eles apresentam no texto. Há muitos tipos possíveis de conexão. Consulte as tabelas do Apêndice para saber mais sobre esse assunto.

Aplicando conhecimentos

1 Identifique se os períodos seguintes são formados por orações coordenadas ou subordinadas. Quando o período for formado por orações subordinadas, indique a oração principal e a oração subordinada.

a) Não acreditava que a TV fosse demorar muito mais fora do ar.

b) Minha irmã falou que "o sumiço da televisão está mexendo com o equilíbrio de muita gente".

c) Por que você não faz de conta que engoliu a TV?

d) Minha irmã diz que o videocassete está para a televisão como o boneco do ventríloquo para o ventríloquo.

e) A humanidade viveu milhares de anos sem televisão, Tavinho, e nunca deixou de fazer as coisas.

f) Maria botou o jantar e vi toda a família reunida à volta da mesa.

g) Papai ouvia música clássica, mas de vez em quando abria um olho na direção da Fantástica.

h) Corre lá no videoclube do shopping e pega um filme.

i) Mamãe escondia sua ansiedade, desde que saiu da mesa.

j) Faz de conta que não estou aqui.
_____
_____

2 Leia a oração retirada do texto: "O menino sem imaginação":

"– Não podemos perder esta oportunidade. Ela talvez não se repita nunca mais."

a) Assinale a conjunção que poderia ligar as orações mantendo o sentido do texto.

( ) mas   ( ) e   ( ) pois   ( ) ou

b) Empregue a conjunção escolhida para escrever a oração para formar um período composto.
_____

3 Complete os períodos a seguir.

a) A televisão deixa-nos fascinados porque _____.

b) Você só verá tevê hoje se _____.

c) Falam que a televisão é um vício, mas _____.

d) Hoje, a televisão está tão presente na vida das famílias que _____.

4 Releia os períodos que você formou no exercício anterior.

a) Qual deles foi completado com orações coordenadas?
_____
_____

b) Qual deles foi completado com orações subordinadas?
_____
_____

5 Você precisou usar conjunções para ligar as orações. Relacione cada uma delas ao sentido que elas expressam.

(a) porque   ( ) introduz ideia oposta à da oração anterior.

(b) se   ( ) explica o motivo de algo.

(c) mas   ( ) introduz a ideia de consequência.

(d) que   ( ) indica uma condição.

6 O próximo texto é o trecho de uma canção da banda Jota Quest. Leia-o, descubra a conjunção que falta na letra e complete-a.

Amor maior

Quero ficar só
_____ comigo só
Eu não consigo
Quero ficar junto
_____ sozinho só
Não é possível
É preciso amar direito
Um amor de qualquer jeito

Ser amor a qualquer hora
Ser amor de corpo inteiro
Amor de dentro pra fora
Amor que eu desconheço
Quero um amor maior
Um amor maior que eu

Rogério Flausino. Em: MTV ao vivo
Jota Quest (CD) Sony/BMG. 2003.

a) Que expressões presentes nos versos da canção indicam ideias opostas?
_____
_____

b) Releia os versos 4, 5 e 6. Eles apresentam um período composto por coordenação ou subordinação?
_____

c) Assinale a única oração subordinada que equivale ao verso "É preciso amar direito".

[ ] Ame de um jeito certo.
[ ] É preciso que se ame direito.
[ ] Precisamos amar direito.

d) Releia os versos.

"Quero um amor maior
Um amor maior que eu"

• O que querem dizer os versos da canção?
_____

• Transforme os dois versos em uma oração subordinada.
_____
_____

PRÁTICA DE LEITURA

Texto 3 – Sinopse

Antes de ler

1. Alguns jovens preferem ver uma telona no lugar de uma telinha. Você é um deles? O que acha mais interessante? Por quê?

2. Existe cinema na sua cidade? O que aprendeu nos filmes?

3. Você costuma ver filmes no cinema ou só pela TV? Qual foi o último filme a que assistiu? Gostou? Por quê?

4. Imagine que queira ver um filme no cinema e não saiba qual. Imagine também que tem nas mãos um jornal. Em que parte do jornal iria buscar a informação de que precisa?

5. Já ouviu falar em sinopse e em resenha? Que diferença há entre esses dois gêneros de texto?

O carteiro e o poeta

FICHA TÉCNICA

Características: coprodução ítalo-belga-francesa, colorido, legendado, 105 minutos

Ano: 1994

Direção: Michael Radford

Gênero: romance

Distribuição em vídeo: Touchstone Home Vídeo

Prêmios/indicações: indicado ao Oscar na categoria de melhor filme, além de outras três indicações, incluindo trilha sonora.

Em uma ilha de pescadores, no interior da Itália, vive Mário – um homem sensível, inquieto, sonhador, em busca de si mesmo. Ele vive com o pai, homem simples, de poucas palavras.

Um dia, enquanto assiste às notícias da Itália e do mundo no cinejornal da região, fica sabendo que o famoso poeta chileno Pablo Neruda está exilado na Itália e que irá morar em Cala di Sotto, a ilha onde ele vive. Mário sonha com Pablo, "poeta do amor" e, enquanto sonha, andando em sua bicicleta, descobre uma placa que anuncia um trabalho temporário – "Carteiro com bicicleta". É assim que ele passa a ser carteiro e conhece seu chefe, o camarada Giorgio – que também fica feliz pela possibilidade de conhecer Neruda, "o poeta do povo". Enquanto o primeiro busca se aproximar do poeta, o segundo se interessa pelo político. Todos os dias eles conversam sobre o ilustre visitante, antes de o carteiro subir a montanha, em sua bicicleta, para levar as correspondências do poeta.

Disponível em: <http://www.portal.mec.gov.br/seb/arquivos/pdf/profa/cat_res.pdf>.
Acesso em: 12 mar. 2012.

Por dentro do texto

1) Que informações técnicas podem ser obtidas por meio da leitura da sinopse do filme?

2) Com a leitura do texto, você consegue identificar algumas personagens do filme. Quais?

3) É possível identificar o tempo e o espaço nos quais a narrativa do filme se desenrola?

4) Quem é o autor da sinopse?

5) Qual é o público-alvo de uma sinopse de filme?

6) Identifique a intenção da sinopse que você leu.

7) Qual é o veículo de circulação do texto?

8 O texto foi produzido na época do lançamento do filme no Brasil. Você identifica no texto comentários a respeito do filme?

_____
_____
_____

9 Em que outros meios de comunicação você já observou esse gênero de texto?

_____
_____

PRÁTICA DE LEITURA

Texto 4 – Resenha crítica

O carteiro e o poeta

(*Il Postino*, França, Itália, Bélgica, 1994)

Por Rubens Ewald Filho

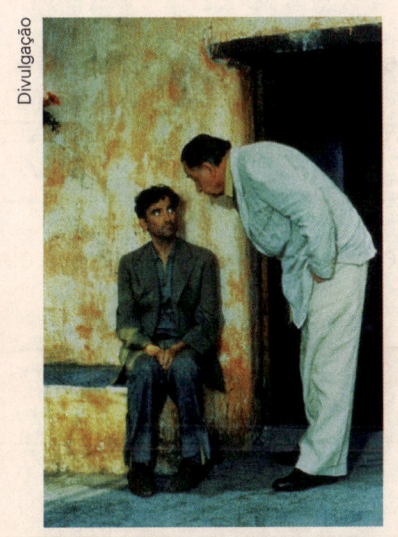

Que ninguém deixe de ver este extraordinário *O carteiro e o poeta*. Insisto porque o filme ganhou a Mostra Internacional de São Paulo (prêmio do público) e concorreu aos Oscars de melhor filme (um fato raro, uma vez que até aqui apenas quatro vezes aconteceu de uma fita estrangeira ser indicada na categoria especial), direção, ator (o falecido Massimo Troisi), roteiro, trilha musical para filme dramático. Ou seja, a Academia se curvou à sua qualidade. Além de ser bonito e emocionante.

O filme não concorreu ao Oscar de produção estrangeira porque a Itália preferiu indicar oficialmente *O homem das estrelas*, de Giuseppe Tornatore (que ficou entre os finalistas contra o brasileiro *O quatrilho*), mas principalmente porque a fita aqui é dirigida por um inglês. Mas quem assistir vai gostar, garanto.

A história por trás das filmagens é perturbadora: Massimo Troisi é um comediante napolitano que foi visto no Brasil em *Splendor* e *As aventuras do Capitão Tornado*, ambos de Ettore Scola.

Troisi estava muito doente, necessitando de um transplante de coração, quando finalmente surgiu a possibilidade de rodar este filme, que era seu sonho e pelo qual tinha lutado durante anos. Não podia dirigir, então chamou o amigo Radford (que fez

1984, baseado em George Orwell). Estava tão doente que só podia trabalhar duas ou três horas por dia. E morreu horas depois de concluído seu trabalho.

Parece que feliz. É a história incrível de alguém que deu a vida pelo cinema, literalmente. Por sorte, já que em cinema nunca se sabe, o filme resultou impressionante e formidável. Troisi faz um modesto carteiro do sul da Itália que descobre que está exilado ali perto o famoso poeta esquerdista Pablo Neruda (Philippe Noiret, de *Cinema Paradiso*). Está disposto a tudo para ficar amigo dele e, pouco a pouco, vão se aproximando, trocando experiências, até poesias, num resultado realmente delicado, sensível e diferente de tudo o que você viu antes. Para americano reconhecer a qualidade de uma fita estrangeira é muito difícil. Prova de que você não pode perder a fita.

Disponível em: <www.epipoca.com.br/filmes_critica.php?acao=D&idf=4395&idc=1367>. Acesso em: 10 mar. 2012.

Por dentro do texto

1 Qual é o título do texto?

_____

2 Pela leitura da resenha, é possível identificar alguma personagem do filme?

_____

3 Segundo o autor, as personagens citadas têm algum tipo de relacionamento?

_____

4 Para entender a situação de produção do texto 4, complete o quadro a seguir com os elementos solicitados na 1ª coluna.

Autor	
Público-alvo	
Objeto de análise	
Suporte (locais ou veículos onde o texto possivelmente circulará)	
Momento de produção	
Intenção do autor do texto	

Texto e construção

1 Na resenha crítica que você leu, há passagens em que o autor fornece informações sobre o filme e outras em que expõe suas impressões sobre a obra. Transcreva exemplos de palavras, expressões ou frases que manifestem a opinião do autor.

_____

_____

2 No trecho a seguir, que tempo verbal foi usado pelo autor do texto para tentar convencer o leitor de que o filme vale a pena?

> "Que ninguém deixe de ver este extraordinário *O carteiro e o poeta*. Insisto porque o filme ganhou a Mostra Internacional de São Paulo [...]."

_____

Importante saber

A **resenha crítica**, além de descrever o filme resumidamente, apresenta opiniões e comentários pessoais. Sendo assim, o objetivo de um resenhista é, basicamente, fornecer informações resumidas sobre o objeto resenhado e fazer comentários críticos sobre ele.

Em jornais, revistas e *sites* da internet são facilmente encontradas resenhas sobre filmes, livros, peças teatrais e *shows*. Os críticos têm por objetivo convencer o leitor de que vale ou não a pena entrar em contato com o objeto resenhado.

3 Procure em jornais ou revistas diferentes resenhas. Selecione dois exemplos que tenham objetos bastante diferentes (como um livro e uma peça teatral), leia-as e cole-as em seu caderno. Observe as partes que contêm resumo do objeto resenhado e a opinião do autor sobre ele, destacando-as em cores diferentes.

REFLEXÃO SOBRE O USO DA LÍNGUA

Orações coordenadas sindéticas e assindéticas

1 Releia os períodos a seguir e identifique se as orações são coordenadas ou subordinadas. Sublinhe as conjunções e identifique que relação cada um deles estabelece entre as orações.

a) O filme ganhou a Mostra Internacional de São Paulo (prêmio do público) e concorreu aos Oscars de melhor filme.

_____

_____

b) Insisto porque o filme ganhou a Mostra Internacional de São Paulo.

_____

> **Importante saber**
> - As **orações coordenadas** podem ser ligadas por vírgulas ou conjunções e se dividem em **sindéticas** (com conjunção) e **assindéticas** (sem conjunção).
>
> Veja uma oração coordenada **assindética**:
> Uns chegavam em cima da hora, outros já estavam lá esperando desde cedo.
>
> - As orações coordenadas **sindéticas** podem expressar várias ideias. Observe a seguir.
>
> **Aditiva:** ... titia se engasgou com a farofa **e** mamãe virou a garrafa de água na toalha.
> **Adversativa:** Maria é uma grande cozinheira, **mas** desta vez errou a mão.
> **Alternativa:** A TV voltaria logo, **ou** todo mundo ia pirar de vez.
> **Explicativa:** A confusão era geral, **pois** ninguém mais sabe viver sem TV.
> **Conclusiva:** A TV estava demorando, **então** trataríamos de nos distrair com filmes da locadora.

Aplicando conhecimentos

1 Todos os períodos a seguir são compostos por coordenação. Destaque a conjunção que estabelece a relação entre as orações.
A seguir, indique se a ideia introduzida pela conjunção acrescenta uma informação (aditiva), contraria a anterior (adversativa), indica uma alternância (alternativa), explica algo (explicativa) ou leva a alguma conclusão (conclusiva).

a) O filme é um manual irônico e uma deliciosa amostra desse gênero cinematográfico.

b) A brincadeira é feita com muita intencionalidade e pouca sutileza, portanto parece um projeto de estudante.

c) A trama ficou recheada de lugares-comuns, mas o resultado final é surpreendente.

d) O filme ou critica ou ri dos muitos clichês.

e) O resultado é muito divertido, pois os atores são fantásticos.

2 Transforme os períodos a seguir em um único período composto, ligando-os com conjunções adequadas. Faça as adaptações necessárias, de modo a estabelecer uma relação coerente entre as ideias.

a) O carteiro queria expressar seus sentimentos. O carteiro não tinha coragem de expressar seus sentimentos. O carteiro não era um poeta.

b) Neruda pediu ao carteiro que caminhasse ao longo da praia. Neruda pediu ao carteiro que criasse metáforas.

_____

_____

c) Mário queria escrever um poema de amor. Ele estava apaixonado.

_____

_____

d) *O carteiro e o poeta* não concorreu ao Oscar. A Itália preferiu indicar outro filme. Mesmo assim, o público amou a história.

_____

_____

e) A Itália não indicou *O carteiro e o poeta* para o Oscar. Garanto que quem assistir ao filme vai gostar.

_____

_____

3 Complete os períodos abaixo com uma oração coordenada, de acordo com o sentido proposto.

a) O filme *O carteiro e o poeta* não concorreu ao Oscar, _____ . (ideia de contradição)

b) O filme *O carteiro e o poeta* não concorreu ao Oscar, _____ . (ideia de explicação)

c) A Itália não indicou o filme oficialmente, _____ . (ideia de conclusão)

d) O público americano não valoriza filmes estrangeiros, _____ . (ideia de contradição)

e) O público gostou do filme _____ . (ideia de adição)

4 Identifique os períodos que apresentam incoerência no emprego das conjunções. Em seguida, corrija-os de modo a restabelecer a coerência.

a) A TV é um ótimo meio de comunicação, que diverte e informa as pessoas; portanto, às vezes apresenta uma programação de má qualidade.

_____

_____

b) As resenhas e sinopses orientam os cinéfilos em busca de seu objeto de desejo: o filme; mas lê-las é fundamental para essa tribo.

___

___

5 Marque (1) para as orações coordenadas sindéticas e (2) para as orações coordenadas assindéticas.

a) O site foi encontrado, mas o conteúdo veiculado não era confiável. ( )

b) A criança chora, esperneia, insiste com a mãe, não consegue nada com ela. ( )

c) Lavou a louça e só depois de um bom tempo guardou-a no armário da cozinha. ( )

d) Ou você chega cedo, ou não irei mais. ( )

e) Levantou, escovou os dentes, tomou café, saiu de casa. ( )

f) A aluna fez aula do campeonato de vôlei, participou da competição de natação, venceu boa parte das provas, ficou felicíssima. ( )

6 Identifique os tipos de orações coordenadas a seguir e marque com um X a resposta correta.

a) Ou você muda de vida, ou vai acabar se dando mal.

( ) aditiva   ( ) adversativa   ( ) alternativa

b) Muitos roteiros foram escritos, entretanto não há verba para produzi-los.

( ) aditiva   ( ) adversativa   ( ) conclusiva

c) Sua mãe buscará a turma depois das dez, logo o horário da festa se estenderá um pouco mais.

( ) adversativa   ( ) conclusiva   ( ) explicativa

d) Meu irmão terminou o ensino médio e eu completei o ensino fundamental.

( ) adversativa   ( ) conclusiva   ( ) aditiva

e) O grupo queria se apresentar no teatro da cidade, mas o prédio estava em reforma.

( ) explicativa   ( ) alternativa   ( ) adversativa

f) Ora ligava a tevê, ora o computador.

( ) adversativa   ( ) alternativa   ( ) explicativa

7 Dos períodos apresentados no exercício anterior, escolha um que apresente uma conjunção adversativa. Reescreva o período substituindo a conjunção por outra, de modo que o sentido da oração permaneça o mesmo.

___

___

___

8 Leia o período a seguir e altere o sentido dele mudando a conjunção em destaque.

> Camila levou a irmã para a casa de Patrícia, **logo** não foi possível concluir o trabalho.

___

PRODUÇÃO DE TEXTO

Que tal assistir a um filme e se colocar no lugar de um crítico de cinema? Escreva uma **resenha crítica** a respeito do que viu, revelando as ideias e sentimentos despertados pelo filme e sua opinião sobre ele.

As melhores resenhas poderão ser publicadas em um jornal de sua região (jornal de bairro, por exemplo) ou no jornal mural da escola.

PLANEJE SEU TEXTO

Responda a cada um dos itens do quadro como modo de planejamento. Amplie o número de itens, se precisar. Verifique se cumpriu o planejado na hora de avaliar o texto.

PARA ESCREVER A RESENHA CRÍTICA	
1. Qual é o público leitor do texto?	
2. Que linguagem vou empregar?	
3. Qual é a estrutura que o texto vai ter?	
4. Onde o texto vai circular?	

ORIENTAÇÕES PARA A PRODUÇÃO

Antes de escrever a resenha, anote em uma folha à parte as informações que respondem às questões a seguir.

- Qual a ficha técnica dessa obra cinematográfica: nome, diretor, principais atores, país de origem do filme, ano do lançamento do filme, tempo de duração?
- Qual o tema central do filme?
- Que conteúdos esse filme apresenta em relação à visão de mundo, de sociedade, de família?

- Qual o enredo do filme? (O que ele conta?)
- O filme retrata situações sociais do nosso cotidiano? Como as retrata: num tom dramático, cômico, crítico?
- O que achou dos cenários?
- O que achou do desempenho do atores? A atuação deles emocionou você?
- O que achou dos recursos sonoros utilizados: músicas, efeitos sonoros?
- A maneira como a câmera mostra as cenas demonstra um bom trabalho de arte?
- Observou alguma falha técnica: na iluminação, na continuidade das cenas?
- O que achou da fotografia do filme, da direção de arte? E da direção geral?

Depois de responder a essas questões, articule as principais ideias em parágrafos, de forma a construir uma unidade de sentido.

I – Organização interna

Para elaborar as frases, fique atento à forma de organizar os dados resumidos e a opinião. É preciso também prestar atenção ao uso dos conectivos, ao sentido que eles estabelecem no texto, e ao uso do tempo verbal adequado.

Além disso, alguns verbos são bastante utilizados nas resenhas para expressar as ideias e ações do autor da obra original: sustentar, justificar, resultar, afirmar, apresentar, desenvolver, descrever, explicar, demonstrar, narrar, analisar, apontar, estruturar, concluir, abordar etc. Leia os exemplos a seguir.

- [...] o filme **resultou** impressionante e formidável.
- Para **sustentar** os argumentos, os roteiristas utilizaram diversas fontes de pesquisa e demonstraram que é possível unir razão e emoção.
- Ao **analisarmos** o filme, percebemos que faltam dados para termos uma visão geral da vida da personagem.

II – Organização geral

A organização geral do texto é fundamental para que a resenha seja compreendida. Para tanto, é importante ter alguns modelos e esquemas para a produção textual. Existem diversas formas de organizar uma resenha. Observe um dos esquemas possíveis.

- Apresentar a obra e o autor: "No filme"; "No livro de...".
- Indicar o objetivo do autor da obra resenhada.
- Mostrar a forma como o autor organizou a obra (filme: a estrutura da narrativa; livro: capítulos, temas etc.).
- Expor os tópicos principais, em cada um dos capítulos (utilizar marcadores como: "Na primeira parte, a seguir, no segundo capítulo, finalmente etc.).
- Elaborar uma conclusão.
- Opinar, apreciar a obra. Sua opinião pode ser negativa, positiva ou parcial, retomando os aspectos apresentados nos parágrafos anteriores.

AVALIAÇÃO E REESCRITA

É importante que, ao final, você retome alguns aspectos específicos desse gênero textual.

1. O texto está adequado ao gênero resenha? Cumpre seus objetivos?
2. A resenha contém uma avaliação do objeto redesenhado?
3. O texto transmite sua opinião do objeto da resenha?
4. As informações que o autor do texto original coloca como sendo as mais importantes são por você abordadas na resenha?
5. A linguagem do texto está adequada ao público leitor?
6. A utilização dos conectivos está adequada?
7. Você procurou ser polido em suas críticas?
8. Você variou e escolheu os verbos mais apropriados para traduzir os atos realizados pelo autor da obra?
9. As frases estão completas e bem pontuadas?
10. Usou argumentos para convencer o leitor do texto da sua opinião?
11. Conferiu a grafia das palavras, a acentuação, a concordância dos verbos e nomes?

LEIA MAIS

Nos *sites* dedicados ao cinema, há em geral textos de críticos dessa arte. Mas em jornais de grande circulação e em revistas também é possível encontrar resenhas.

Lê-las é habituar-se a perceber as produções cinematográficas com olhos críticos. Aprimorando a sua visão crítica, você também poderá opinar, indicar filmes aos amigos e até escrever sobre eles...

PREPARANDO-SE PARA O PRÓXIMO CAPÍTULO

O que você entende como ato de violência?

Pesquise imagens e textos (jornalísticos, musicais, poéticos, publicitários) que retratem a violência da sociedade em que vivemos. Depois pesquise também imagens e textos que retratem a paz, a solidariedade, enfim, tudo que se oponha à violência.

Traga todo o material coletado para a sala de aula e apresente-o conforme solicitação do professor.

Pablo Picasso. *Pomba da paz*, 1949. Fundação Pablo Picasso.

Unidade 3

Face a face

Nesta unidade, você estudará:

- **ARGUMENTO E ARGUMENTAÇÃO**

- **RECURSOS DE COESÃO**

- **TIPOS DE ARGUMENTO**

- **CONCORDÂNCIA VERBAL**

- **TIPOLOGIAS DISCURSIVAS**

- **ORAÇÃO SUBORDINADA ADVERBIAL**

- **PONTUAÇÃO DAS ORAÇÕES SUBORDINADAS ADVERBIAIS**

PARA COMEÇO DE CONVERSA

Muitos textos, nesta unidade, vão ajudar você a refletir sobre a questão da violência e do preconceito. Você avaliará artigos de jornais e revistas que tratam desse assunto quanto às opiniões que sustentam, à coerência das ideias e à força argumentativa, posicionando-se diante das questões levantadas. E será convidado a escrever artigos de opinião, expressar seus pontos de vista e a argumentar suas posições em textos de autoria.

Observe a charge.

Hoje em dia, Brasília, 20 mar. 1998.

1 O que você vê?

2 Que sentimento é transmitido por meio da expressão facial da mãe?

3 O que o filho quis dizer ao fazer a pergunta à mãe?

4 Seria possível entender a charge sem a frase no alto do quadrinho? Por quê?

5 A charge é uma comunicação composta geralmente de imagens e palavras que revelam um problema social, político. Seu objetivo é a crítica humorística, ou seja, a denúncia de um problema de forma engraçada, capaz de nos fazer rir e refletir sobre ele. O que a charge critica?

6 A charge geralmente perde o seu sentido quando lida fora do contexto em que foi criada. Essa charge se refere à realidade social do ano 1998. Sabendo disso, pense e responda: a mensagem dessa charge perdeu o sentido? Explique.

7 O que você entende por "ato de violência" no mundo de hoje?

8 Na sua opinião, quais são as principais causas da violência?

9 Quais as consequências da violência na vida de uma pessoa e na sociedade, de modo geral?

10 Você acha que é possível acabar com a violência na sociedade? Por quê? Como?

Capítulo 1

AS VÁRIAS FACES DA VIOLÊNCIA

PRÁTICA DE LEITURA

Há textos que circulam no meio social nos quais o autor não chega a emitir sua **opinião**, apenas apresenta os **fatos**.

Não é o caso dos artigos de opinião, em que o autor, além de apresentar os fatos, defende também um ponto de vista. Daí o nome **artigo de opinião** para esse gênero textual.

Texto 1 – Artigo de opinião

Leia o texto a seguir e debata com os seus colegas o assunto tratado pelo jornalista Gilberto Dimenstein, posicionando-se a favor ou contra as ideias e opiniões que ele apresenta.

Paz social

Está provado que a violência só gera mais violência. A rua serve para a criança como uma escola preparatória. Do menino marginal esculpe-se o adulto marginal, talhado diariamente por uma sociedade violenta que lhe nega condições básicas de vida.

Por trás de um garoto abandonado existe um adulto abandonado. E o garoto abandonado de hoje é o adulto abandonado de amanhã. É um círculo vicioso, em que todos são, em menor ou maior escala, vítimas. São vítimas de uma sociedade que não consegue garantir um mínimo de paz social.

Paz social significa poder andar na rua sem ser incomodado por pivetes. Isso porque num país civilizado não existe pivete. Existem crianças desenvolvendo suas potencialidades. Paz é não ter medo de sequestradores. É nunca desejar comprar uma arma para se defender ou querer se refugiar em Miami. É não considerar normal a ideia de que o extermínio de crianças ou adultos garanta a segurança.

Entender a infância marginal significa entender por que um menino vai para a rua e não à escola. Essa é, em essência, a diferença entre o garoto que está dentro do carro, de vidros fechados, e aquele que se aproxima do carro para vender chiclete ou pedir esmola. E essa é a diferença entre um país desenvolvido e um país de Terceiro Mundo.

É também entender a história do Brasil, marcada por um descaso das elites em relação aos menos privilegiados. Esse descaso é simbolizado por uma frase que fez muito sucesso na política brasileira: *caso social é caso de polícia.*

A frase surgiu como uma justificativa para o tratamento dado ao trabalhador no começo do século. Em outras palavras, é a mesma postura que as pessoas assumem hoje em relação à infância carente e aos meninos de rua.

Gilberto Dimenstein. *O cidadão de papel: a infância, a adolescência e os direitos humanos no Brasil.* 16. ed. São Paulo: Ática, 1993.

Por dentro do texto

1. Segundo Gilberto Dimenstein, "a violência só gera mais violência". Qual é o primeiro argumento do texto que apoia essa afirmação? Reproduza-o com redação própria.

2. Por que tanto os adultos como os menores abandonados são vítimas da sociedade?

3. Segundo o articulista, o que significa "paz social"? Explique sem copiar as palavras do texto.

4. Procure no dicionário o significado correto da palavra **pivete** e copie-o. Em seguida, explique a diferença entre **pivete** e "crianças desenvolvendo suas potencialidades".

5. Relacione "infância marginal" com país desenvolvido e país de Terceiro Mundo.

6 Segundo o texto, o Brasil se insere em que tipo de país? Por quê? Justifique sua resposta.
_____
_____
_____

7 No primeiro parágrafo, o artigo se refere à rua; no último, também. Explique qual é a ligação entre o que se diz no começo e o que se diz no fim do texto.
_____
_____

8 Preencha o quadro a seguir identificando causas e consequências da violência citadas no texto.

CAUSA	CONSEQUÊNCIA
A sociedade é violenta.	O menino (ou o adulto) é violento.
Garoto abandonado de hoje.	
	Vítimas: garoto e adulto abandonados.
	Não dá para andar na rua tranquilamente.
Não há sequestradores.	
Há violência.	
Infância marginal: país de Terceiro Mundo.	
	Crianças na escola.

Texto e construção

1 Qual é o objetivo do jornalista ao escrever esse texto?
_____
_____

2 Quais estratégias ele usa para alcançar esse objetivo?
_____
_____

3 Já identificamos anteriormente o problema enfocado no artigo de Dimenstein. Após a apresentação da ideia principal, o autor precisa defender e fundamentar a sua **tese** (ideia principal defendida por ele).

> **Importante saber**
>
> **Argumento** é o recurso que utilizamos para justificar uma afirmação ou para convencer alguém a mudar de opinião ou comportamento.
>
> Fatos, ideias, razões ou provas são exemplos de argumentos.
>
> A **argumentação** pode aparecer em diferentes gêneros textuais orais ou escritos. Por exemplo, as pessoas podem defender ideias num debate, num artigo de opinião, numa crônica ou, até mesmo, numa conversação espontânea. Por isso, é importante saber que, para argumentar, é preciso conhecer melhor o assunto sobre o qual estamos falando ou escrevendo. Desse modo, ficará mais fácil organizar as ideias e construir argumentos adequados e eficazes.

- Agora, releia o texto, procurando identificar os **argumentos** utilizados pelo autor para defender sua ideia.

a) Qual é o argumento utilizado pelo autor no segundo parágrafo para defender a tese de que violência gera mais violência?

_____

_____

_____

b) No terceiro parágrafo, o autor fala sobre a paz social. Para ele, o que pode garantir a paz em uma sociedade?

_____

_____

_____

> **Importante saber**
>
> Em um **artigo de opinião**, o autor tem por objetivo defender seu ponto de vista e criticar outros com os quais entra em conflito. Para isso, constrói um texto que analisa uma série de fatores relacionados ao assunto, destacando diferentes discursos.
>
> Na **introdução** do texto, o autor deve situar o leitor sobre o tema abordado e posicionar-se a respeito dele, ou seja, deve apresentar a ideia principal (ou tese) que será desenvolvida.
>
> Durante o desenvolvimento do artigo, devem ser apresentados os **argumentos** (razões, provas, raciocínios) que fundamentam a ideia principal, de modo que o leitor considere coerente o ponto de vista defendido pelo autor.
>
> No último ou nos últimos parágrafos do texto, o autor deve apresentar uma **conclusão** acerca do assunto discutido. Nessa parte do texto, é comum que o autor retome e reforce a ideia principal.

PRÁTICA DE LEITURA

Texto 2 – Crônica

Antes de ler

1. O título do texto que você vai ler é "Assim caminha a humanidade". A que deve se referir o texto?

2. Lendo apenas os trechos em negrito no texto e associando-os à leitura do título, pense e responda.

a) O texto provavelmente é predominantemente descritivo, narrativo ou argumentativo? Como chegou a essa resposta?

b) O tom do texto em relação às atitudes humanas deve ser mais otimista ou pessimista? O que fez você pensar assim?

Leia agora todo o texto e confira suas respostas.

Assim caminha a humanidade

Há muito que penso nisso e muitas pessoas devem ter pensado a mesma coisa. Mas ninguém fala, ninguém diz nada. Por que, não o sei. Trata-se do automóvel. Essa maravilha mecânica, o veículo revolucionário que acabou com os carros de tração animal e expulsou o trem urbano para os longos percursos.

E agora esse totem da nossa era, o AUTOMÓVEL, também chega ao seu fim, transforma-se num veículo obsoleto. Não serve mais à finalidade a que se destinava, nas áreas urbanas: transporte individual, rápido, seletivo, perdeu o sentido.

Você, **hoje**, para transpor alguns poucos mil metros, da sua casa para o centro, leva o mesmo tempo que gastaria se fosse caminhando a pé. As ruas de todas as cidades do mundo – pequenas, médias, grandes (ou imensas como São Paulo ou Nova York) – vivem atravancadas por essas tartarugas ninjas, andando a passo de, sim, de tartaruga mesmo, cada uma ocupando um espaço que vai de 10 a 12 metros quadrados, e transportando na sua grande maioria só uma ou duas pessoas, no máximo três, se houver o motorista.

Arrogante. Nas suas janelas de cristal, na pintura luzidia, nos metais polidos, o automóvel é, acima de tudo, um **monstro de egoísmo**. A área que ele exige para si, na via pública, em vez de dois personagens lhe ocupando os assentos, daria para, no mínimo, três bancos de três pessoas, folgadamente instaladas. Para quem vem, aqui no Rio, da Barra da Tijuca ao centro, tem de se inserir logo na avenida das Américas, num imenso, compacto cortejo, andando em velocidade de enterro (qual enterro, já vi enterro marchando em muito maior velocidade!) e carregando, todos juntos, um contingente de pessoas que caberia folgadamente dentro de um trem suburbano. E, em meio de buzinadas, palavrões, batidas de para-choques ou outros incidentes mais graves, só vai alcançar o seu destino – se der sorte – dentro de, no mínimo, hora e meia.

É, temos de livrar as ruas disso que Macunaíma chamava "a máquina veículo automóvel". O carro puxado a cavalos também não desapareceu, por obsoleto? **Hoje** nem a rainha da Inglaterra o emprega, prefere os seus reluzentes Rolls Royces. Tal como não se podia mais suportar o atropelo e a sujeira dos cavalos, das lerdas carruagens do fim do século XIX, assim também o automóvel acabou.

Há que substituí-lo por um transporte coletivo de qualidade, rápido, limpo, confortável. Metrôs, ou mesmo grandes veículos de superfície, sei lá. A cabeça dos técnicos já deve estar trabalhando, a dos urbanistas, a dos chamados cientistas sociais.

Hoje em dia se leva mais tempo viajando de casa para o trabalho, do que no trabalho propriamente dito. E, como os patrões exigem as suas oito horas, tem-se de sair de casa em plena madrugada e chegar em casa depois das 10 da noite. Quem mora em subúrbio conhece bem essa tragédia. Os ônibus mesmo, que poderiam ser um grande recurso, têm os seus espaços disputados furiosamente pelos carros, e se embaralham, retardam e engarrafam, na confusão geral.

Quem sabe vai-se recorrer ao transporte aéreo, grandes helicópteros que seriam como ônibus voadores, pousando em heliportos arranjados nos tetos dos grandes edifícios? Não sei... Porque logo apareceriam helicópteros particulares, cada executivo teria o seu, de luxo, importado. O que, aliás, já está acontecendo. Eu mesma já viajei num desses, a convite de um amigo.

Ou será que os engarrafamentos vão continuar por mais anos e anos, como **os assaltos, os sequestros, os meninos de rua, as favelas** e demais **desgraças** dos grandes ajuntamentos urbanos? Então, a solução seria mesmo acabar com os próprios grandes ajuntamentos urbanos. Voltar todo mundo a se espalhar pelo campo, só procurando os centros quando a natureza do seu trabalho o exigisse.

Até que o campo se deteriorasse também – já que este é o destino do homem sobre a Terra: acabar com tudo de bom e bonito que a natureza para ele criou.

Rachel de Queiroz. *Deixa que eu conto*. São Paulo: Global, 2003.

Por dentro do texto

1. A cronista afirma que o automóvel não serve mais à finalidade a que se destinava. Por quê? Qual era a finalidade original do automóvel?

2 Observe que o texto tem dez parágrafos.

a) A que conclusão a crônica chega nos dois últimos parágrafos?

_____

_____

b) Releia o último parágrafo e identifique qual é a opinião da cronista sobre as ações humanas, de maneira geral.

_____

_____

3 Você concorda com a opinião da cronista? Justifique sua resposta de maneira convincente, dando pelo menos dois argumentos que confirmem sua opinião.

_____

_____

_____

_____

4 Qual é a ideia central do texto? Resuma, em apenas um parágrafo, a mensagem principal da crônica.

_____

_____

_____

_____

Texto e construção

1 Depois da leitura, o que você pôde constatar: o texto é predominantemente descritivo, narrativo ou argumentativo? Por quê?

_____

_____

2 Você também deve ter constatado que o texto apresenta trechos descritivos. Sublinhe no artigo um desses trechos.

3 Identifique, entre as palavras em negrito no texto, uma metáfora de **automóvel** e explique o sentido que tem no texto.

_____

_____

a) A crônica usa a expressão **totem de nossa era** também como uma metáfora de **carro**. O que ela significa? Se necessário, procure o sentido da palavra no dicionário.

_____

_____

b) Identifique no texto outra metáfora relativa ao automóvel e explique o sentido que tem no texto.

_____

_____

DE OLHO NO VOCABULÁRIO

1. Releia o segundo parágrafo e responda: como se pode descobrir o significado da palavra **obsoleto**, nesse mesmo período, sem recorrer ao dicionário?

_____

_____

_____

2. Reescreva a frase destacada a seguir, substituindo os termos destacados por outras palavras ou expressões, mantendo o mesmo sentido.
"Há **que** substituí-lo por um transporte coletivo de qualidade."

_____

_____

3. O verbo **caminhar** pode ter mais de um sentido. Quais são eles? Escreva uma frase que exemplifique cada um.

_____

_____

REFLEXÃO SOBRE O USO DA LÍNGUA

Recursos de coesão

1. Releia este trecho.

> "[...] muitas pessoas devem ter pensado a mesma coisa. **Mas** ninguém fala, ninguém diz nada. Por que, não **o** sei."

a) Ao usar a conjunção **mas**, que tipo de ideia será introduzida? De adição? De consequência? De causa? De adversidade? De explicação?

_____

b) Reescreva a frase usando outra conjunção, sem alterar o sentido original do trecho.

_____

c) O pronome pessoal oblíquo **o** está substituindo qual palavra? Como ficaria a oração, sem o recurso do pronome?

_____
_____
_____

2 Muitas vezes, para se evitar repetições de substantivos, usam-se outras palavras ou expressões. Quais são as outras expressões usadas pela cronista para se referir ao automóvel?

_____
_____
_____

3 Como você já sabe, para evitar repetições e assim retomar a palavra ou expressão anterior, usam-se, muitas vezes, pronomes. Observe este trecho.

> "Arrogante. Nas **suas** janelas de cristal, na pintura luzidia, nos metais polidos, o automóvel é, acima de tudo, um monstro de egoísmo. A área que **ele** exige para **si**, na via pública, em vez de dois personagens **lhe** ocupando os assentos, daria para, no mínimo, três bancos de três pessoas..."

- Copie o substantivo que foi substituído pelos pronomes destacados.

_____

Importante saber

Além dos pronomes, outras palavras retomam termos ou ideias anteriores dentro do texto. Releia o penúltimo parágrafo.

"Ou será que os engarrafamentos vão continuar por mais anos e anos, como **os assaltos, os sequestros, os meninos de rua, as favelas** e demais **desgraças** dos grandes ajuntamentos urbanos?"

A palavra **desgraças** serve, ao mesmo tempo, para retomar o sentido do que foi dito antes e para ajudar a progressão das ideias apresentadas pelo texto. Isso acontece porque essa palavra, nesse caso, resume o que foi dito antes e se refere ao que podia ser dito a seguir.

O que queremos dizer com isso?

Um texto é como um tecido em que se juntam fios para criar uma unidade de acordo com a ideia de quem o escreve.

Mas como fazer isso, tratando-se de um texto? Usando os recursos da nossa língua que ajudam a fazer essas ligações entre o que foi dito com o que se quer dizer na próxima frase ou oração. A eles damos o nome de **recursos de coesão**.

Veja que classes ou tipos de palavras ou procedimentos podem funcionar como recursos de coesão.

- **Pronomes.** Ex.: o, a, lhe, seu, sua, este, esse, aquele.

- **Advérbios.** Ex.: aqui, ali, lá, aí.

- **Repetição de nome próprio ou parte dele.** Ex.: Nem mesmo a rainha da Inglaterra usa suas carruagens. Se até a *rainha* prefere seus reluzentes Rolls Royces, que dirá o homem moderno, apressado.

- **Numerais.** Ex.: O carro puxado a cavalos e o automóvel tornaram-se obsoletos. *O primeiro* por sua lentidão e sujeira, *o segundo* por sua inutilidade e egoísmo.

- **Uma palavra-síntese.** Ex.: "Ou será que os engarrafamentos vão continuar [...], como os assaltos, os sequestros, os meninos de rua, as favelas e demais *desgraças* dos grandes ajuntamentos urbanos?"

- **Elipse** (omissão de uma palavra na frase). Ex.: "E agora esse totem da nossa era, o AUTOMÓVEL, também chega ao seu fim, transforma-se num veículo obsoleto. (*Ele*) Não serve mais à finalidade a que se destinava, nas áreas urbanas".

- **Associação** (um termo retoma o outro por manterem entre si uma relação de sentido naquele parágrafo, naquele determinado contexto). Ex.: "A área que ele exige para si, na via pública, em vez de duas *personagens* lhe ocupando os assentos, daria para, no mínimo, três bancos de três *pessoas*, folgadamente instaladas".

- **Palavras ou expressões sinônimas ou quase sinônimas.** Ex.: Hoje nem a rainha da Inglaterra o emprega, prefere os seus reluzentes Rolls Royces. Tal como não se podia mais suportar o atropelo e sujeira dos cavalos, das lerdas carruagens do fim do século XIX, assim também o *automóvel* acabou".

- **Metáforas.** Ex.: "E agora esse *totem da nossa era*, o AUTOMÓVEL, também chega ao seu fim..."

- **Epíteto** (palavra ou expressão que dá qualidade a um ser). Ex.: "Trata-se do *automóvel*. *Essa maravilha mecânica* [...] acabou com os carros de tração animal e expulsou o trem urbano para os longos percursos".

- **Nominalizações** (transformação de um verbo ou outra classe gramatical em um nome). Ex.: "Ou será que os *engarrafamentos* vão continuar por mais anos e anos? Porque a função atual do carro é *engarrafar* qualquer avenida ou rua de qualquer cidade grande".

Aplicando conhecimentos

1 Identifique, nos trechos a seguir, os recursos de coesão utilizados.

a) "Porque logo apareceriam helicópteros particulares, cada executivo teria o seu, de luxo, importado. O que, aliás, já está acontecendo. Eu mesma já viajei num desses, a convite de um amigo."

_____
_____

b) "Até que o campo se deteriorasse também – já que este é o destino do homem sobre a Terra: acabar com tudo de bom e bonito que a natureza para ele criou."

_____
_____
_____

c) "Do menino marginal, esculpe-se o adulto marginal [...] Por trás de um garoto abandonado, existe um adulto abandonado."

_____
_____

d) "É também entender a história do Brasil, marcada por um descaso das elites [...] Esse descaso é simbolizado por uma frase que fez muito sucesso na política brasileira [...]"

_____
_____

e) "O carro puxado a cavalos também não desapareceu, por obsoleto? Hoje nem a rainha da Inglaterra o emprega [...] Tal como não se poderia suportar o atropelo e a sujeira dos cavalos, das lerdas carruagens do fim do século XIX [...]"

_____
_____

f) É, temos de livrar as ruas disso que Macunaíma chamava "a máquina veículo automóvel".

_____
_____

2 Releia os trechos trabalhados no exercício anterior.

> "Porque logo apareceriam helicópteros particulares, cada executivo teria o seu, de luxo, importado. O que, aliás, já está acontecendo. Eu mesma já viajei num **desses**, a convite de um amigo."

> "Até que o campo se deteriorasse também — já que **este** é o destino do homem sobre a Terra: acabar com tudo de bom e bonito que a natureza para ele criou."

- Explique a diferença entre o uso dos pronomes **desses** e **este** nos trechos destacados: qual deles retoma o que foi dito anteriormente no parágrafo e qual se refere ao pensamento que vem a seguir?

_____
_____
_____

3 Nem sempre a repetição é indevida na hora de produzir um texto. Há situações em que ela se acomoda ao texto sem comprometê-lo esteticamente. Releia o trecho a seguir, retirado do artigo de opinião "Paz social", e identifique nele duas situações de repetição.

> "Esse descaso é simbolizado por uma frase que fez muito sucesso na política brasileira: caso social é caso de polícia. A frase surgiu como uma justificativa para o tratamento dado ao trabalhador no começo do século."

_____
_____
_____
_____

4 No trecho a seguir, a palavra **casa** aparece três vezes. Há situações em que as repetições são feitas propositalmente. Partindo da ideia de que isso não foi intencional, reescreva o trecho, evitando essa repetição.

> "Hoje em dia se leva mais tempo viajando de **casa** para o trabalho, do que no trabalho propriamente dito. E como os patrões exigem as suas oito horas, tem-se de sair de **casa** em plena madrugada e chegar em **casa** depois das 10 da noite. Quem mora em subúrbio conhece bem essa tragédia."

_____
_____
_____
_____
_____

PRÁTICA DE LEITURA

Texto 3 – Artigo de opinião

Leia o texto a seguir e observe como o autor se posiciona a respeito da superlotação dos presídios e cadeias públicas.

Superpopulação carcerária

O lema "lugar de bandido é na cadeia" é vazio e demagógico. Não temos prisões suficientes

As fábricas de ladrões e traficantes jogam mais profissionais no mercado do que sonha nossa vã pretensão de aprisioná-los.

Levantamento produzido pela *Folha*, com base nos censos realizados nas 150 penitenciárias e nas 171 cadeias públicas e delegacias de polícia, mostra que o estado de São Paulo precisaria construir imediatamente mais 93 penitenciárias, apenas para reduzir a superlotação atual e retirar os presos detidos em delegacias e cadeias impróprias para funcionar como presídios.

Para Lourival Gomes, o atual secretário da Administração Penitenciária, cuja carreira acompanho desde os tempos do Carandiru, profissional a quem não faltam credenciais técnicas e a experiência que os anos trazem, o problema da falta de vagas não será resolvido com a construção de prisões.

Tem razão, é guerra perdida: no mês passado, o sistema prisional paulista recebeu a média diária de 121 novos detentos, enquanto foram libertados apenas 100. Ficaram encarcerados 21 a mais todos os dias.

Como os presídios novos têm capacidade para albergar 768 detentos, seria necessário construir mais um a cada 36 dias, ou seja, 10 por ano.

Esse cálculo não leva em conta o aprimoramento técnico da polícia. Segundo o mesmo levantamento, a taxa de encarceramento, que há oito meses era de 413 pessoas para cada 100 mil habitantes, aumentou para 444. Se a PM e a Polícia Civil conseguissem prender marginais com a eficiência dos policiais americanos (743 para cada 100 mil habitantes), seria preciso construir uma penitenciária a cada 21 dias.

Agora, analisemos as despesas. A construção de uma cadeia consome R$ 37 milhões, o que dá perto de R$ 48 mil por vaga. Para criar uma única vaga gastamos mais da metade do valor de uma casa popular com sala, cozinha, banheiro e dois quartos, por meio da qual é possível retirar uma família da favela.

Esse custo, no entanto, é irrisório quando comparado aos de manutenção. Quantos funcionários públicos há que contratar para cumprir os três turnos diários? Quanto sai por mês fornecer três refeições por dia? E as contas de luz, água, material de limpeza, transporte, assistência médica, jurídica e os gastos envolvidos na administração?

Não sejamos ridículos, caro leitor. Se nossa polícia fosse bem paga, treinada e aparelhada de modo a mandar para atrás das grades todos os bandidos que nos infernizam nas ruas, estaríamos em maus lençóis. Os recursos para mantê-los viriam do aumento dos impostos? Dos cortes nos orçamentos da educação e da saúde?

Então, o que fazer? É preciso agir em duas frentes. A primeira é tornar a Justiça mais ágil, de modo a aplicar penas alternativas e facilitar a progressão para o regime semiaberto, no caso dos que não oferecem perigo à sociedade, e colocar em liberdade os que já pagaram por seus crimes, mas que não têm recursos para contratar advogado.

A segunda, muito mais trabalhosa, envolve a prevenção. Sem diminuir a produção das fábricas de bandidos, jamais haverá paz nas ruas. Na periferia de nossas cidades, milhões de crianças e adolescentes vivem em condições de risco para a violência. São tantas que é de estranhar o pequeno número que envereda pelo crime.

Nossa única saída é oferecer-lhes qualificação profissional e trabalho decente, antes que sejam cooptados pelos marginais para trabalhar em regime de semiescravidão.

Há iniciativas bem-sucedidas nessa área, mas o número é tímido diante das proporções da tragédia social. É necessário um grande esforço nacional que envolva as diversas esferas governamentais e mobilize a sociedade inteira.

Como parte dessa mobilização, é fundamental levar o planejamento familiar para os estratos sociais mais desfavorecidos. Negar-lhes o acesso à lei federal que lhes dá direito ao controle da fertilidade é a violência mais torpe que a sociedade brasileira comete contra a mulher pobre.

O lema "lugar de bandido é na cadeia" é vazio e demagógico. Não temos nem teremos prisões suficientes. Reduzir a população carcerária é imperativo urgente. Não cabe discutir se estamos a favor ou contra, não existe alternativa. Empilhar homens em espaços cada vez mais exíguos, não é mera questão de direitos humanos, é um perigo que ameaça todos nós. Um dia eles voltarão para as ruas.

Drauzio Varella. *Folha de S.Paulo*, 25 fev. 2012.

Por dentro do texto

1) Podemos afirmar que o subtítulo do texto apresenta uma opinião sobre o tema apresentado? Justifique sua resposta.

2) Para comprovar que não adianta construir novos presídios, o autor citou a opinião de Lourival Gomes, secretário da Administração Penitenciária.

a) De que maneira o autor do texto nos faz acreditar que a opinião do secretário pode ser considerada confiável?

b) Com que intenção o autor nos traz informações a respeito do secretário?

c) Que argumento foi utilizado para reforçar a opinião do secretário?

3 Ao analisar as despesas geradas na construção de uma cadeia, qual é a comparação estabelecida pelo autor?

4 Releia o seguinte trecho:

> "Não sejamos ridículos, caro leitor. Se nossa polícia fosse bem paga, treinada e aparelhada de modo a mandar para atrás das grades todos os bandidos que nos infernizam nas ruas, estaríamos em maus lençóis. Os recursos para mantê-los viriam do aumento dos impostos? Dos cortes nos orçamentos da educação e da saúde?"

- Que adjetivo é utilizado pelo autor para se referir aos leitores que, eventualmente, não concordem com ele? Qual é, provavelmente, a intenção do autor ao fazer uso desse adjetivo?

5 Por que, segundo o autor, o lema "lugar de bandido é na cadeia" é vazio e demagógico?

6 Por que o fato de empilhar homens em espaços cada vez mais exíguos é um perigo que ameaça todos nós?

Importante saber

Os textos argumentativos apresentam características e elementos discursivos específicos que os diferenciam de outros textos.

Além de apresentar sua tese, a ideia a ser defendida, o autor deve apresentar argumentos que a sustentem. Exemplos, dados estatísticos, alusões históricas, comparações, relações de causa e consequência, depoimentos e declarações de autoridades em determinado assunto são **tipos de argumentos**.

Texto e construção

1 Já sabemos que, em um artigo de opinião, o autor tem por objetivo expor suas ideias e defender uma tese, ou seja, uma opinião, um ponto de vista. Em "Superpopulação carcerária", qual é a tese defendida pelo autor?

_____

_____

2 Localize no texto um exemplo de argumento:

a) de autoridade.

_____

_____

b) por comparação.

_____

_____

c) a partir de dados estatísticos.

_____

_____

d) de causa e consequência.

_____

_____

3 Observe as expressões em destaque abaixo:

- **É preciso** agir em duas frentes.

- **É necessário** um grande esforço nacional...

- **É fundamental** levar o planejamento familiar para os estratos sociais mais desfavorecidos.

a) O que as expressões em destaque têm em comum?

_____

_____

b) Que efeito de sentido o autor consegue obter ao iniciar suas frases com as expressões em destaque?

_____

_____

111

PRODUÇÃO DE TEXTO

O que você acha: a violência só existe entre os jovens? Ela só se manifesta em classes menos favorecidas? Existem regiões brasileiras, ou cidades, em que a taxa de criminalidade é maior? O que tem sido feito para tentar mudar essa realidade? Pesquise em diversos meios de comunicação dados, notícias que explorem essas questões.

Para ampliar ainda mais sua fonte de informações, consulte também os gráficos a seguir, retirados de uma reportagem intitulada "Somos todos reféns", da revista *Veja São Paulo on-line* (29 de fevereiro de 2012), e que apontam dados sobre a violência na cidade de São Paulo.

O ranking da criminalidade

Taxa de homicídios dolosos por 100 000 habitantes

Portugal	Lisboa*	0,2
Japão	Tóquio*	0,4
Egito	Cairo*	0,6
Espanha	Madri*	1
Alemanha	Berlim**	1,1
Índia	Mumbai*	1,3
Canadá	Toronto*	1,5
Hungria	Budapeste*	2,1
Bélgica	Bruxelas*	3
Holanda	Amsterdã*	4,4
Estados Unidos	Nova York*	5,6
México	Cidade do México*	8,4
Brasil	São Paulo***	9
Colômbia	Bogotá**	17,1
Panamá	Cidade do Panamá*	34,6
Honduras	Tegucigalpa*	72,7
Venezuela	Caracas*	122

Fonte: Estudo do Escritório sobre drogas e crime da ONU (UNODC), com dados de 2009* e 2010*, exceto São Paulo, com dados de 2011*** do Governo do Estado.

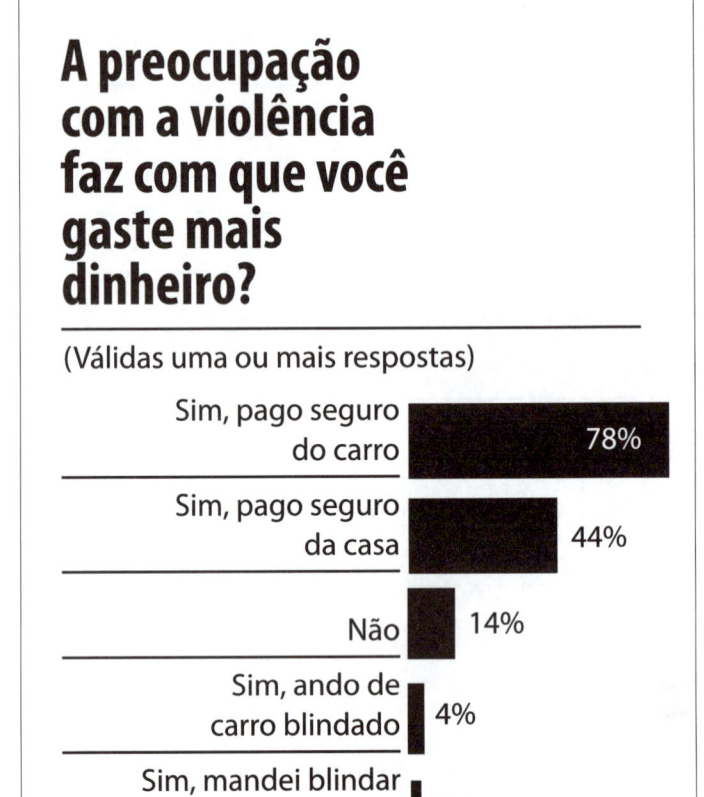

A preocupação com a violência faz com que você gaste mais dinheiro?

(Válidas uma ou mais respostas)

- Sim, pago seguro do carro — 78%
- Sim, pago seguro da casa — 44%
- Não — 14%
- Sim, ando de carro blindado — 4%
- Sim, mandei blindar minha casa — 2%
- Outros — 14%

Veja, SP/Abril Imagem

Fonte: Departamento de Inteligência e Pesquisa de Mercado da Abril Mídia. Pesquisa feita do dia 6 ao dia 15 de fevereiro de 2012, na cidade de São Paulo – SP.

Disponível em: <http://vejasp.abril.com.br/busca?qu=somos+todos+ref%C3%A9ns>.
Acesso em: 12 mar. 2012.

Sob a orientação de seu professor, reúna-se com seus colegas e leiam os materiais que trouxeram. Converse com seus colegas sobre os textos e forme sua própria opinião sobre o assunto.

Depois, escreva o seu artigo de opinião. Ele será publicado em um mural na data combinada com o professor.

PLANEJE SEU TEXTO

Responda a cada um dos itens do quadro como modo de planejamento. Amplie o número de itens, se precisar. Verifique se cumpriu o planejado na hora de avaliar o texto.

PARA ESCREVER O ARTIGO DE OPINIÃO	
1. Qual é o público leitor do texto?	
2. Que linguagem vou empregar?	
3. Qual é a estrutura que o texto vai ter?	
4. Onde o texto vai circular?	

ORIENTAÇÕES PARA A PRODUÇÃO

1. Delimite, dentro do tema violência, um aspecto a ser explorado, como por exemplo: violência nas grandes cidades, violência na escola, violência contra o jovem etc.

2. Exponha o seu ponto de vista a respeito do tema, ou seja, apresente uma tese.

3. Elabore argumentos que sustentem a tese. Lembre-se de usar tipos de argumentos diferentes, como: depoimentos de autoridades, exemplos, dados estatísticos, relações de causa e consequência.

4. Apresente a tese na introdução do texto, desenvolva os argumentos nos parágrafos seguintes e, por fim, conclua o texto. Uma maneira interessante de concluir o texto é apresentar propostas para a resolução do problema apresentado na tese. Não se esqueça de fundamentar as propostas que forem dadas, para convencer os leitores de que são realmente boas e viáveis.

5. Evite generalizações de ideias. Frases como "ninguém faz nada para mudar a situação" ou "todos devem fazer a sua parte" devem ser substituídas por informações mais precisas que tenham base no material de pesquisa.

6. Ao apresentar suas ideias, evite expressões como "eu acho", "na minha opinião" e prefira frases que comecem com expressões parecidas com "é importante", "é necessário", é imprescindível", "é fundamental", por exemplo.

7. Escreva o texto com base nas convenções gramaticais e ortográficas.

8. Após a realização do rascunho, faça uma revisão do texto e redija a versão final, que será exposta futuramente.

AVALIAÇÃO E REESCRITA

Ao terminar a escrita do texto, faça uma avaliação dele. Veja alguns itens.

1. As minhas ideias estão claras e coerentes?
2. Meu ponto de vista sobre o tema está bem definido?
3. Utilizei argumentações para justificar as minhas ideias e opiniões?
4. Fiz uma introdução com as minhas ideias e apresentei uma conclusão?
5. As palavras de ligação que usei construíram de fato o sentido que eu queria dar aos parágrafos?
6. Fiz a correção ortográfica? Acentuei as palavras?
7. Empreguei adequadamente a pontuação? Considerei as regras gramaticais de modo geral, de acordo com o gênero de texto elaborado?

LEIA MAIS

Os artigos de opinião, em geral, são textos que apresentam uma linguagem mais elaborada e, às vezes, há quem desista de lê-los por considerá-los complexos. No entanto, ler não deixa de ser um exercício de apropriação de diferentes linguagens. Vá experimentando ler artigos de opinião com linguagem e temática mais acessíveis e, aos poucos, você estará lendo outros um pouco mais elaborados.

Não se esqueça de que também há artigos de opinião destinados ao público jovem. Começar por esses pode tornar a leitura desse gênero cada vez mais interessante.

PREPARANDO-SE PARA O PRÓXIMO CAPÍTULO

Faça uma pesquisa entre os colegas da escola, vizinhos e parentes para saber se eles já sofreram algum tipo de discriminação, ou seja, se foram vítimas de preconceitos.

Depois, conforme orientação do professor, apresente para os colegas alguns dos relatos que mais chamaram a sua atenção.

Capítulo 2

AS VÁRIAS FACES DO PRECONCEITO

PRÁTICA DE LEITURA

Texto 1 – História em quadrinhos

Para iniciarmos essa conversa, veja se você consegue identificar qual é o preconceito que esta história em quadrinhos manifesta.

O Globo. 3 mar. 1998.

Por dentro do texto

1. O humor da tira é construído com base em um tipo de preconceito. Identifique-o.

_____

_____

115

2 Você já sofreu algum preconceito? Caso se sinta à vontade, conte para os colegas.

_____
_____
_____

3 Você conhece alguém que já tenha sofrido algum preconceito? Conte o que aconteceu e o que a pessoa fez diante do fato.

_____
_____
_____
_____

4 Que providências você acha que precisariam ser tomadas para impedir ou inibir manifestações de caráter preconceituoso? O que, em sua opinião, a sua escola poderia fazer sobre isso?

_____
_____
_____
_____

Para você que é curioso

O que é preconceito?

Preconceito significa decidir antecipadamente como alguém é sem tentar conhecê-lo antes. As pessoas com preconceitos raciais ou culturais acham que, pelo simples fato de um indivíduo pertencer a um grupo de outra etnia ou de outra cultura, já tem determinado comportamento e valores previsíveis.

Essas pessoas, normalmente, dizem: "Tal grupo de pessoas é preguiçoso ou estúpido"; ou então: "Não se pode confiar nesse tipo de pessoa". E, se por acaso, conhecem com mais profundidade alguém de um grupo **foco de preconceito**, dizem: "Bem, este é diferente."

Mas, muitas vezes, sua própria experiência não é suficiente para mudar a visão falsa e estereotipada sobre as pessoas daquele grupo.

Ângela Grunsell. *Racismo*. São Paulo: Melhoramentos, 1993. (Texto adaptado para fins didáticos.)

Preconceito × discriminação

Há uma diferença entre esses dois conceitos, embora preconceito e discriminação costumem andar juntos. Preconceito é um julgamento prévio. Discriminação é uma ação. Sendo assim, quem discrimina faz algo negativo contra alguém movido por ideias e sentimentos preconceituosos.

PRÁTICA DE LEITURA

Texto 2 – Crônica reflexiva

O carioca e a roupa

[...] Deu-se comigo outro dia uma experiência engraçada: fui ao centro da cidade de blusa, coisa que me aconteceu várias vezes, mas só então acrescida de um pormenor que introduziu um caráter inédito à situação: levava debaixo do braço uma pasta de papéis, feita de *nylon*.

Sim, pela primeira vez fui à cidade de blusa e pasta. Qualquer um desses fatores quase nada significa isoladamente; reunidos, alteraram radicalmente o tratamento que me deram todas as pessoas desconhecidas.

Quando tomei um táxi, vi que o motorista torceu a cara, mas não percebi o que se passava, pois experimentei semelhante má vontade em outras circunstâncias. Reparei também certa estranheza do motorista quando lhe dei de gorjeta o troco, mas permaneci **opaco** ao fenômeno social que se realizava. Em um restaurante comum, sentei-me para almoçar. O garçom, que até então eu não vira mais gordo, tratou-me com uma intimidade surpreendente e, em vez de elogiar os pratos pelos quais eu indagava, entrou a diminuí-los: "aqui a **gororoba** é uma coisa só; serve para encher o **bandulho**". Não sou de raciocínio rápido mas, em súbita iluminação, percebi, com todo o prazer da novidade, que eu estava vestido de mensageiro: pasta e blusa. Ao longo da tarde, fui compreendendo que, até hoje, não tinha a menor ideia do que é ser um mensageiro. Pois eu lhes conto. Um mensageiro é, antes de tudo, um triste. Tratado com familiaridade agressiva pelos **epítetos** de amigo, **chapa** e garotão, o que há de afetivo nestes nomes é apenas um disfarce, pois atrás deles o tom de voz é de comando. "Quer deixar o papai trabalhar, garotão", disse-me o faxineiro de um banco, cutucando-me os pés com a ponta da vassoura.

Entendi muitas outras coisas humildes: o mensageiro não tem direito a **réplica**; é barrado em elevadores de lotação ainda não atingida; posto a esperar sem oferecimento de cadeira; atendido com um máximo de lentidão; olhado de cima para baixo; batem-lhe com vigor no ombro para pedir passagem; ninguém lhe diz "obrigado" ou "por favor"; prestam-lhe informações **em relutância**; as mulheres bonitas sentem-se ofendidas com o olhar de homenagem do mensageiro; os vendedores lhe dizem "não tem" com um **deleite sádico**.

Foi uma **incursão involuntária** à natureza de uma sociedade dividida em **castas**. Preso à minha classe e a algumas roupas, dizia o poeta, vou de branco pela rua cinzenta. No fim da tarde, eu já procedia como um mensageiro, só me aproximando dos outros com precauções e humildade, recolhendo de meu rosto qualquer **veleidade** de um sorriso inútil, jamais correspondido. Dentro de mim uma vontade de sofrer. Por todos os mensageiros do mundo, meus irmãos. Por todos os meus irmãos para os quais a humilhação de cada dia é certa como a própria morte. Porque o pior de tudo é que as pessoas não sorriam. O pior é que ninguém sorri para os mensageiros.

Paulo Mendes Campos. *Crônicas*. São Paulo: Ática, 1982. (Para Gostar de Ler, 5.)

Por dentro do texto

1 Esse texto foi escrito há algum tempo. Estar "vestido de mensageiro" corresponde a que profissão hoje em dia?

2 Segundo o texto, o motorista do táxi "torceu a cara" para o narrador da história. Em sua opinião, que razões ele teria para fazê-lo?

3 O garçom não destratou o "mensageiro". Entretanto, o narrador sentiu que o tratamento a ele oferecido era inadequado. O que teria sido desagradável no episódio com o garçom?

4 Você acha que o "mensageiro" sofreu discriminação? Justifique sua resposta.

5 "Entendi muitas outras coisas humildes", afirma o narrador. De acordo com o texto, quais são elas?

_____
_____
_____

6 Paulo Mendes Campos é um conceituado cronista brasileiro. Ao produzir seu texto, que tipo de leitor, em sua opinião, ele esperava atingir?

_____
_____
_____

Texto e construção

1 A crônica lida apresenta uma estrutura narrativa com espaço, tempo e personagens bem definidos.

a) Identifique as personagens principais e secundárias que aparecem no texto.

_____
_____

b) Defina o espaço e o tempo presentes na narrativa.

_____
_____
_____

2 Qual é o foco narrativo da crônica?

_____
_____
_____

3 Assinale com um **x** a alternativa que corresponde à intencionalidade da crônica "O carioca e a roupa".

☐ Fazer uma reflexão sobre o preconceito contra mensageiros ou *office boys*.

☐ Demonstrar o que é uma narrativa.

4 Qual é a linguagem empregada no texto? Justifique sua resposta com um trecho do texto.

_____

_____

> **Importante saber**
>
> As crônicas são narrativas curtas, escritas em linguagem informal. Geralmente retratam fatos do cotidiano, com humor e ironia. Os cronistas observam situações comuns, que poderiam acontecer com qualquer pessoa, e as relatam de forma atraente, às vezes, com o objetivo de levar o leitor a uma reflexão.
>
> É isso o que ocorre em "O carioca e a roupa", uma **crônica reflexiva**. Paulo Mendes Campos narra uma situação pela qual centenas de jovens passam e propõe uma reflexão sobre o preconceito.

REFLEXÃO SOBRE O USO DA LÍNGUA

Concordância verbal

1 Preencha as frases a seguir usando uma das formas verbais entre parênteses.

a) "Um mensageiro _____ (é/são), antes de tudo, um triste."

b) "As mulheres bonitas _____ (sente-se/sentem-se) ofendidas com o olhar de homenagem do mensageiro."

c) "Atrás deles o tom de voz _____ (é/são) de comando."

2 Você teve alguma dúvida ao responder a essas questões?

☐ Sim   ☐ Não

3 Por que você pensa que essas são as respostas corretas?

_____

4 Preencha estas frases usando uma das formas verbais entre parênteses. Justifique suas escolhas.

a) "Qualquer um desses fatores quase nada _____ (significa/significam) isoladamente..."

_____

b) "... os vendedores lhe _____ (diz/dizem) "não tem" com um deleite sádico..."

_____

c) "Aqui a gororoba _____ (é/são) uma coisa só; _____ (serve/servem) para encher o bandulho".

_____

5 Na oração "... pela primeira vez fui à cidade de blusa e pasta...", quem é o sujeito? Como você descobriu isso?

_____

> **Importante saber**
> Podemos notar nos exercícios anteriores que sempre há uma relação direta entre o **verbo** e o **sujeito**.
> A esse tipo de relação damos o nome de **concordância verbal**.

Aplicando conhecimentos

1 Releia os trechos a seguir, retirados do texto, e complete as explicações.

> "O garçom, que até então eu não vira mais gordo, tratou-me com uma intimidade surpreendente..."

• Temos dois verbos:

a) O verbo **ver** na 1ª pessoa do singular, que está relacionado ao sujeito _____;

b) e o verbo _____ na 3ª pessoa do singular, que está associado ao sujeito _____.

> "Esses fatores, reunidos, alteraram radicalmente o tratamento que me deram todas as pessoas desconhecidas"

• Temos dois verbos:

c) O verbo **alterar** na 3ª pessoa do plural, que está relacionado ao sujeito _____;

d) e o verbo _____ na 3ª pessoa do plural, que está associado ao sujeito _____.

> **Importante saber**
> **O verbo concorda com o sujeito em número e pessoa.**
> Assim, se o sujeito está no plural, o verbo deverá ir para o plural concordando com ele.

2 Leia os trechos a seguir.

- Tratou-me com uma intimidade surpreendente o garçom e o faxineiro do banco.
- Trataram-me com uma intimidade surpreendente o garçom e o faxineiro do banco.

a) Qual é o sujeito do verbo **tratar** nesses trechos?

b) Na sua opinião, a concordância do verbo com o sujeito está correta nos dois trechos?

> Quando o sujeito composto encontrar-se após o verbo, este poderá ir para o plural ou concordar com o núcleo mais próximo.

3 Leia mais estas duas frases.

- Na nossa sociedade, fala-se com o mensageiro em agressiva familiaridade.
- Não se sorri nunca para um mensageiro.

a) É possível determinar o sujeito dessas orações?

b) Em que pessoa verbal se encontram os verbos?

c) Qual é a transitividade desses verbos: transitivos diretos, indiretos ou intransitivos?

> O verbo intransitivo ou transitivo indireto fica na 3ª pessoa do singular quando o sujeito é indeterminado, acompanhado do pronome se. Nesse caso, se **é classificado sintaticamente como índice de indeterminação do sujeito.**

4 Agora releia os trechos a seguir e responda: qual é o sujeito de cada uma das orações? Como você os identificou?

a) "O mensageiro não tem direito a réplica; **é barrado em elevadores de lotação ainda não atingida**..."

b) Olha-se o mensageiro sempre de cima para baixo.

c) Trata-se muito mal o mensageiro.

> O verbo transitivo direto (ou direto e indireto), conjugado com o pronome **se**, indica a existência de um **sujeito paciente**, ou seja, um sujeito que sofre a ação do verbo.
> Nesse caso, o pronome **se** exerce a função de pronome apassivador. Sendo assim, a concordância entre o sujeito e o verbo é feita de acordo com a regra geral. Se o sujeito estiver no singular, o verbo concorda com o sujeito, flexionando-se também no singular. E, se o sujeito estiver no plural ou for composto, o verbo é flexionado no plural, concordando com o sujeito.

5 Copie as frases **b** e **c** da questão anterior passando-as para o plural. Preste atenção na concordância entre o sujeito e o verbo.

6 Complete o texto abaixo com os verbos do quadro, conjugando-os adequadamente. Lembre-se das regras de concordância estudadas.

criticar	incluir	parecer	ser	abrir	
vir	faz	ganhar	gritar	ouvir	prejudicar

Games violentos não _____ mal

[...]

A mesma geração de pais e avós que _____ o *videogame* (e eu me _____ nessa geração) _____ se esquecer dos filmes em preto e branco de 60 anos atrás, em que os índios _____ os vilões e _____, com um machado, a cabeça dos fazendeiros. Era então mais que justificado disparar centenas de tiros de revólver e carabina sobre os nativos. Quando _____ o *technicolor*, o sangue dos índios _____ cor e aplausos da plateia, que _____ "Mata... mata...". E nunca _____ alguém dizer que esses filmes e desenhos _____ a vida adulta dessa geração.

[...]

Haim Grunspun. Disponível em: <http://super.abril.com.br/superarquivo/2001/conteudo_119219.shtml>.
Acesso em: 20 jul. 2012.

7 Agora, complete a continuação do texto com as palavras do quadro. Lembre-se de fazer a concordância com o verbo.

| Maioria | adulto | todos | videogame | vilência | jogo |
| trabalho | videogame | pesquisa | eles | pais | |

Constatei que a _____ dos _____ que jogaram videogame na infância e na adolescência fizeram cursos em áreas de exatas, administração e na comunicação. E quase _____ concordaram que o _____ aumentou suas habilidades em estratégia e lógica. Não concordam que a _____ dos jogos os tenha contaminado. [...]

Os _____ confirmam que o _____ não é um catalizador da violência. Uma _____ feita em São Paulo no fim dos anos 80 para detectar a distribuição de drogas entre jovens que freqüentavam fliperamas (e não praticavam esporte) revelou que _____ não cometiam atos de violência em um número maior do que os grupos que não jogavam fliperama. [...]

Em vez de procurar um bode expiatório para o mau comportamento dos seus filhos, os _____ deviam estar mais preocupados em melhorar u relacionamente com eles, demostrando afeto e procurando conhecê-los melhor. Sentar com eles para uma partida de videogame talvez seja um bom início de conversa...

Haim Grunspun. Disponível em: <http://super.abril.com.br/superarquivo/2001/conteudo_119219.shtml>.
Acesso em: 20 jul. 2012.

PRÁTICA DE LEITURA

Texto 3 – Conto

1. Leia o título do texto e responda: o que poderia ser uma "família de olhos"?

2. Pela classificação do gênero textual acima, você imagina que lerá um texto predominantemente narrativo? Por quê?

A família de olhos

Era a tarde de um longo e adorável dia que eles passaram juntos. Sentaram-se no terraço em frente a um novo café, na esquina de um novo bulevar.

O **bulevar** estava ainda atulhado de detritos, mas o café já exibia orgulhoso seus infinitos esplendores. [...] Enquanto se mantêm sentados e felizes, olhos nos olhos, os amantes são surpreendidos pelos olhares de outras pessoas.

Uma família de pobres, vestida de **andrajos** – um pai de barba grisalha, um filho jovem e um bebê – para exatamente em frente a eles e observa, embevecida, o brilhante mundo novo lá dentro. As três faces eram extraordinariamente sérias, e aqueles seis olhos contemplavam fixamente o novo café com a mesma admiração, que diferia apenas em função da idade.

[...] Os olhos do pai parecem dizer: "Como isso é belo! Parece que todo o ouro do mundo foi se aninhar nessas paredes". Os olhos do filho parecem dizer: "Como isso é belo! Mas é um lugar que só pode ser frequentado por pessoas que não são como nós". Os olhos do bebê estavam demasiado fascinados para expressar qualquer coisa de alegria, estupidez e intensidade. A fascinação dos pobres não tem qualquer conotação hostil; sua visão do abismo entre os dois mundos é sofrida e resignada. Por causa disso, um dos enamorados (o rapaz) começa a sentir-se incomodado e até um pouco envergonhado. Surpreende-se tocado por essa "família de olhos" e sente alguma afinidade com eles. Porém, no momento seguinte, quando volta a olhar para os olhos de sua querida, tentando ler neles os seus próprios pensamentos, ela diz: "Essas pessoas de olhos esbugalhados são insuportáveis! Você não poderia pedir ao gerente que os afastasse daqui?". O incidente o deixou triste; agora vê "como é difícil as pessoas se compreenderem umas às outras, como o pensamento é incomunicável, mesmo entre pessoas apaixonadas".

Marshall Berman. *Tudo o que é sólido desmancha no ar*.
São Paulo: Companhia das Letras, 1982.

Por dentro do texto

1 A história acima retrata dois mundos, duas realidades diferentes. Explique que realidades são essas e a quais personagens se referem.

2 O texto trata de uma situação de exclusão social. Explique essa afirmação, copiando do texto um trecho que revela o fato de alguém sentir-se excluído.

_____
_____
_____

3 No texto, não há uma fala do pai, do filho e do bebê. De que maneira o narrador manifesta o que não está dito por eles?

_____
_____

4 Qual foi o sentimento do rapaz ao perceber que estava sendo observado por uma família de pobres? E o de sua namorada?

_____
_____
_____
_____

5 Explique o título dado ao texto.

_____
_____

6 Qual o tema abordado em "A família de olhos"?

_____
_____

Texto e construção

1 Você sabe o que é um **bulevar**? Procure o significado dessa palavra no glossário e registre-o.

_____
_____

2 No texto "A família de olhos", é possível determinar o tempo e o espaço em que ocorre a ação?

_____
_____

3 Você acha que o texto é predominantemente descritivo, narrativo ou argumentativo? Justifique sua resposta.

___

4 Transcreva o trecho em que o autor descreve o cenário da história.

___

5 Transcreva um trecho em que o texto descreve personagens.

___

6 É possível localizar alguma passagem dissertativa no texto? Em caso afirmativo, transcreva-a.

___

Importante saber

No texto "A família de olhos", observamos passagens narrativas, descritivas e dissertativas.

A narração é uma tipologia discursiva que se concentra em relatar uma ou várias ações reais ou imaginárias.

A descrição, por sua vez, procura fazer com que o leitor visualize o objeto descrito.

Já o texto argumentativo tem por objetivo discutir conceitos, defender ideias.

Todas essas tipologias discursivas podem aparecer em diferentes gêneros textuais veiculados socialmente. Embora haja gêneros em que predomine uma ou outra, observa-se o emprego de mais de uma delas na construção dos textos, em geral.

REFLEXÃO SOBRE O USO DA LÍNGUA

Oração subordinada adverbial

1 Observe este período composto.

> "**Enquanto se mantêm sentados e felizes**, [...] os amantes são surpreendidos pelos olhares de outras pessoas."

a) Quantas orações há nesse período?

b) Que relação elas mantêm entre si: de dependência ou de independência? Elas são coordenadas ou subordinadas entre si?

c) Que tipo de circunstância indica a oração em destaque?

2 Compare os trechos a seguir.

> **Enquanto se mantêm sentados e felizes**, os amantes são surpreendidos por uma família de olhos.

> **Durante a noite**, os amantes são surpreendidos por uma família de olhos.

a) Classifique cada período como simples ou composto.

b) Que circunstância é expressa pelos dois trechos destacados: tempo, modo, lugar ou causa?

c) A oração em destaque, no primeiro período, desempenha papel semelhante a que classe gramatical? Assinale a alternativa correta.

| verbo | adjetivo | advérbio | substantivo |

3 Observe a relação entre estas orações.

> [...] **quando volta a olhar para os olhos de sua querida**, ela diz que as pessoas de olhos esbugalhados são insuportáveis.

- A relação estabelecida pela conjunção na oração em destaque desempenha função semelhante à da primeira oração do exercício 2? Explique sua resposta.

> **Importante saber**
> A oração subordinada que tem valor de advérbio ou de locução adverbial é chamada de **oração subordinada adverbial**.
>
> **Quando o dia da paz renascer**
>
> **Quando o sol da esperança brilhar**
>
> Eu vou cantar.
>
> Zé Vicente. Utopia. Sol e sonho. São Paulo: Paulinas,1996.
>
> Veja que as orações em destaque desempenham, em relação à oração principal, um papel semelhante ao de um advérbio ou de uma locução adverbial. Observe a comparação.
>
> **Período composto**
>
> **Quando o dia da paz renascer**, eu vou cantar.
> ↓
> oração subordinada adverbial temporal
>
> **Período simples**
>
> **Neste dia**, eu vou cantar.
> ↓
> locução adverbial
>
> **Amanhã**, eu vou cantar.
> ↓
> advérbio

4 Da história em quadrinhos a seguir, transcreva uma oração subordinada adverbial que transmita a ideia de tempo e outra com a ideia de condição.

HAGAR — Dik Browne

— HAMLET, VOCÊ NUNCA VAI SER UM VIKING DE VERDADE SE NÃO PRATICAR!

— TUDO BEM.

— HMM... TALVEZ FOSSE MELHOR LARGAR O LIVRO ENQUANTO PRATICA...

Folha de S.Paulo, 16 maio 2005.

a) Reescreva o primeiro balão de fala, substituindo a conjunção **se** por outra que não altere o sentido da fala de Hagar.

_____

b) A conjunção **se**, na história em quadrinhos, foi importante para Hagar comunicar ao filho o que queria? Por quê?

_____

c) Qual era a condição, segundo Hagar?

_____

5 Reescreva a fala de Hagar, utilizando períodos simples, sem alterar o sentido do que a personagem quer dizer. Em seguida, responda: qual dos períodos permitiu uma comunicação mais enxuta, o simples ou o composto?

_____

> **Importante saber**
>
> No quadrinho de Hagar que você analisou, a conjunção **se** estabeleceu uma relação de subordinação com a oração principal. Releia:
>
> Hamlet, você nunca vai ser um _viking_ de verdade **se não praticar**.
>
> A oração em destaque indica uma condição em relação à oração principal. É uma **oração subordinada adverbial condicional**.
>
> A relação desse tipo de oração costuma ser estabelecida pelas conjunções **se**, **desde que**, **contanto que**, **sem que**, **a menos que** etc.
>
> A oração subordinada adverbial condicional e a oração subordinada adverbial temporal estão entre os diferentes tipos de subordinada adverbial.
>
> **As conjunções subordinadas adverbais temporais** são: **antes que**, **quando**, **logo que**, **enquanto**, **mal**, **desde que** etc.
>
> Agora, conheça outras **conjunções subordinativas adverbiais** e as circunstâncias que expressam.
>
> **Causal:** indica a causa do que está expresso na oração principal. As conjunções subordinadas adverbiais causais são: **porque**, **pois**, **visto que**, **como**, **uma vez que** etc.
>
> Ex.: Você não será um _viking_ **porque** não pratica os exercícios.
>
> **Comparativa:** expressa uma comparação, semelhança com algo que está na oração principal. As conjunções subordinadas adverbiais comparativas são: **como**, **assim como**, **que**, **do que**, **quanto (após uso de tanto)**, **bem como** etc.
>
> Ex.: Um _viking_ deve praticar exercícios **assim como** deve ler.
>
> **Conformativa:** expressa acordo ou conformidade com um fato ocorrido na oração principal. As conjunções subordinadas adverbiais conformativas são: **conforme**, **como**, **consoante** etc.
>
> Ex.: Hamlet deve praticar exercícios **conforme** o pai o instruiu.

Concessiva: indica um fato contrário à ideia expressa na oração principal. As conjunções subordinadas adverbiais concessivas são: **ainda que**, **embora**, **mesmo que**, **conquanto**, **bem que**, **se bem que**, **por mais que** etc.

Ex.: **Por mais que** pratique, você não será um *viking*.

Consecutiva: indica que o fato expresso na oração subordinada é consequência do que está enunciado na oração principal. As conjunções subordinadas adverbiais consecutivas são: **de forma que**, **de sorte que**, **de modo que**, (**tanto**, **tal**, **tão**, **tamanho**, **cada**) **que** etc.

Ex.: Fez tantos exercícios, **que** se tornou um *viking* cansado.

Final: expressa a finalidade do que está anunciado na oração principal. As conjunções subordinadas adverbiais finais são: **a fim de que**, **que**, **para que**, **porque**.

Ex.: O pai de Hamlet fez de tudo **para que** ele se tornasse um *viking*.

Proporcional: exprime proporcionalidade em relação ao fato enunciado na oração principal. As conjunções subordinadas adverbiais proporcionais são: **à medida que**, **à proporção que**, **quanto mais/quanto menor/quanto melhor/quanto pior** – relacionados com outros termos que introduzem a oração principal: **mais**, **menos**, **tanto mais** etc.

Ex.: **Quanto mais** praticava, **mais** percebia que não tinha vocação para *viking*.

Aplicando conhecimentos

1. Pesquise, em jornais e revistas, cinco períodos compostos por subordinação em que tenham sido usadas conjunções subordinativas adverbiais. Identifique-as em seu carderno e explique o sentido que elas expressam nas orações.

2. Leia a propaganda.

Azeite Gallo Extra Virgem Reserva. Um azeite tão nobre que até o rótulo é azul.

Gallo e você. Muitas histórias para contar.

Disponível em: <http://ccsp.com.br/novo/pop_pecas.php?id=27708>. Acesso em: 12 mar. 2012.

a) No enunciado "Um azeite tão nobre que até o rótulo é azul" há uma ou mais de uma oração?

b) Nesse enunciado, há uma oração subordinada adverbial. Transcreva-a e classifique-a.

c) Qual é a relação desse enunciado com o produto divulgado?

3 Leia a charge seguinte, divulgada dias após o carnaval.

> ESCUTEI TANTO A FRASE "TIRA O PÉ DO CHÃO" NO CARNAVAL QUE VAI DEMORAR UM POUQUINHO PRA EU ME READAPTAR!

Disponível em: <http://www.chargeonline.com.br/>. Acesso em: 23 fev. 2012.

a) A fala da personagem mostra uma relação de causa e consequência. Qual é a consequência expressa nessa fala?

b) Ao ouvir uma das frases comuns no carnaval, a personagem interpretou-a corretamente?

c) Uma oração adverbial foi responsável pela construção do sentido dessa charge. Que oração é essa? Copie-a e classifique-a.

4 Identifique as ideias expressas pelas orações subordinadas adverbiais apresentadas a seguir. Para isso, preste atenção à relação de subordinação indicada pelas conjunções.

a) Quanto mais leio, mais dúvidas surgem.
☐ concessão   ☐ proporção   ☐ comparação

b) Ainda que eu sinta vontade, não desistirei.
☐ concessão   ☐ comparação   ☐ finalidade

c) Fez todas as compras como a lista determinava.
☐ conformidade   ☐ comparação   ☐ finalidade

d) Aceitou o convite imediatamente, uma vez que a irmã recomendou o evento.
☐ conformidade   ☐ causa   ☐ finalidade

e) Se o material chegar na próxima semana, não haverá problemas.
☐ conformidade   ☐ causa   ☐ condição

f) Riu tanto que perdeu o fôlego.
☐ finalidade   ☐ concessão   ☐ consequência

g) Correu muito para que chegasse com pontualidade.
☐ finalidade   ☐ concessão   ☐ consequência

PRÁTICA DE LEITURA

Texto 4 – Propaganda

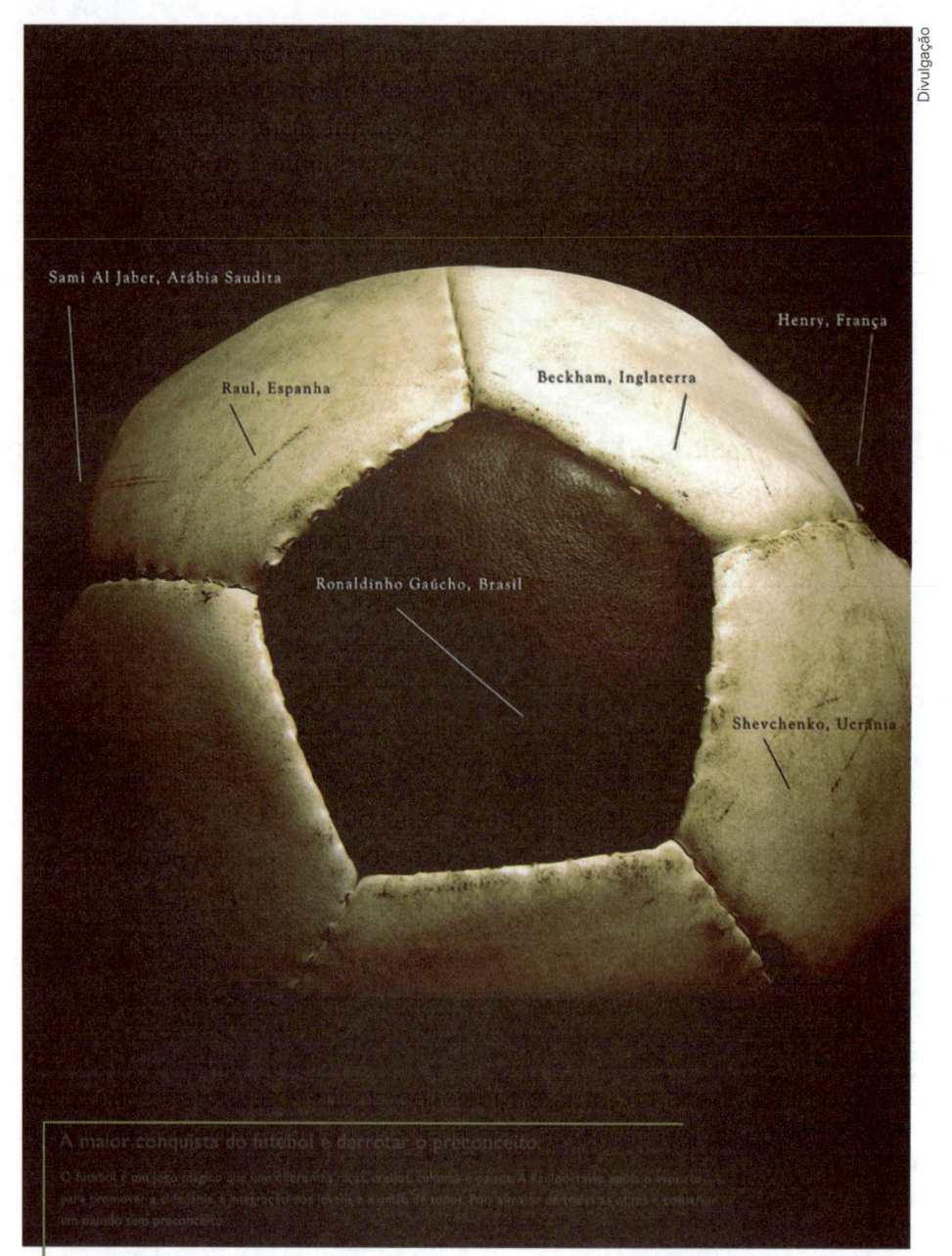

A maior conquista do futebol é derrotar o preconceito.

O futebol é um jogo mágico que une raças, credos, culturas e países. A [empresa] apóia o esporte para promover a cidadania, a integração dos jovens e a união de todos. Pois a maior de todas as obras é construir um mundo sem preconceito.

Disponível em: <http://ccsp.com.br/novo/pop_pecas.php?id=11896>. Acesso em: 12 mar. 2012.

Por dentro do texto

1 O texto é uma campanha que foca principalmente que tipo de preconceito?
_____

2 Para abordar o preconceito, o autor do texto usou uma bola para ilustrar sua ideia.

a) O que as cores da bola representam?
_____

b) Qual é a relação de sentido entre o texto escrito e a imagem do anúncio?
_____
_____

3 O anúncio afirma que "a maior de todas as obras é construir um mundo sem preconceito". Você concorda com essa ideia? Argumente.
_____
_____

4 Agora, leia esta notícia.

Vítima de racismo, Roberto Carlos abandona o campo na Rússia

Veterano lateral foi novamente alvo de insulto e, ao ver banana ser atirada no gramado, foi para o vestiário

Roberto Carlos (camisa 3) comemora com os colegas um dos gols do Anzhi.

O lateral-esquerdo Roberto Carlos abandonou o jogo de seu time, o Anzhi Makhachkala, contra o Krylia Sovetov, nesta quarta-feira, ao ser novamente vítima de ato racista.

135

O jogador foi alvo de uma banana atirada no gramado por um torcedor. "Estou indignado com o comportamento do torcedor que ofendeu não apenas a mim, mas a todos os jogadores presentes. E não apenas os jogadores, mas todo o futebol russo", desabafou o lateral ao *Sport-Express*.

O jogador também cobrou uma ação mais enérgica da Fifa.

O primeiro incidente racista contra Roberto Carlos ocorreu pouco após a chegada do jogador à Rússia, quando ele viu um torcedor do Zenit, de São Petersburgo, lhe oferecer uma banana.

O veterano lateral deixou o campo nesta quarta-feira mesmo com seu time já tendo feito as três substituições. O jogo, realizado no estádio do Krylia, o Metalurg, na cidade de Samara, já estava aos 44 do segundo tempo e o Anzhi vencia por 3 a 0.

Os companheiros de time, além do treinador, Gadhzi Gadhiev, demonstraram apoio à decisão. "Essa coisas nos causam indignação, e não podemos ser indiferentes a elas", pediu o técnico.

Sergei Fursenko, presidente da Federação Russa, garantiu que a punição será rigorosa: "Roberto Carlos é um dos mais importantes nomes que já chegaram à Rússia para elevar o nível do campeonato e o interesse do público. Ele foi ofendido de uma forma absolutamente descarada. A punição será a mais severa possível".

Esporte IG, 22 jun. 2011. Disponível em: <http://esporte.ig.com.br/futebol/vitima+de+racismo+roberto+carlos+abandona+o+campo+na+russia/n1597043151395.html>. Acesso em: 15 mar. 2012.

a) Qual foi o insulto feito ao jogador Roberto Carlos? O que o torcedor russo sugeriu?

b) O fato noticiado contradiz a propaganda?

c) Qual foi a atitude de Roberto Carlos? Você a considera correta?

REFLEXÃO SOBRE O USO DA LÍNGUA

Pontuação das orações subordinadas adverbiais

1 Leia o próximo período.

> Nenhum homem ou mulher poderá ser livre **se predomina o medo**.

a) Reescreva o período, invertendo a posição da oração principal e da oração subordinada.

_____

_____

b) Você precisou empregar algum sinal de pontuação? Explique por que fez essa opção.

_____

_____

2 Observe o período com o acréscimo de outra oração.

Período 1
Se predomina o medo, enquanto se trabalha, nenhum homem ou mulher poderá ser livre.
Período 2
Enquanto se trabalha, o medo predomina.

a) Identifique as orações de cada período.

_____

_____

_____

b) No período 1, a oração adverbial temporal aparece em que posição?

_____

c) E no período 2?

_____

d) Qual informação o período 2 enfatizará, caso a oração subordinada adverbial temporal seja colocada no final da frase?

_____

Importante saber

O uso da vírgula é obrigatório:

a) Para separar a oração subordinada adverbial quando ela se coloca antes da oração principal ou está intercalada. Ex.:

Se predomina o medo, enquanto se trabalha, nenhum homem ou mulher poderá ser livre.

Enquanto se trabalha, o medo predomina.

137

> b) Nas orações reduzidas de gerúndio, de particípio ou de infinitivo.
>
> **Combatendo-se a discriminação no trabalho,** homens e mulheres serão mais felizes.
>
> **O uso da vírgula é facultativo** quando a oração subordinada adverbial vem depois da oração principal. Veja o exemplo.
>
> O medo predomina **enquanto se trabalha**.

e) Depois de conhecer algumas regras de pontuação das subordinadas adverbiais, responda: qual é a função da vírgula no período 1? E no período 2?

Aplicando conhecimentos

1. Leia a tirinha a seguir.

Fernando Gonsales. *Folha de S.Paulo*, 4 jan. 2005.

a) O que provoca humor nessa tira?

b) A conjunção **mesmo** inicia um pensamento que se soma ou que se opõe à ideia da oração anterior?

c) **Mesmo** faz parte de uma oração dependente. Ela pertence a uma subordinada. Que subordinada é essa?

2 Reescreva o período composto do segundo quadrinho começando pela oração subordinada.

_____

_____

a) Houve alguma alteração de sentido fazendo isso?

_____

b) Foi necessário fazer alguma mudança na pontuação? Por quê?

_____

_____

3 Pontue com vírgula os períodos a seguir.

a) Quando chove em abundância as plantas ficam vivas e alegres.

b) Caso eles não cheguem no horário saberemos que não virão mais.

c) Se a consulta for marcada com antecedência não haverá espera.

d) Não tenho roupa apropriada por isso não vou à festa.

e) Antes de escrever o texto resolveu pesquisar sobre o assunto.

f) Enquanto as malas não forem trazidas de volta o grupo não seguirá viagem.

4 Enfrente o seguinte desafio: altere a ordem em que as orações ou palavras aparecem em cada um dos períodos, sem alterar o sentido. Preste atenção ao uso da vírgula. Ganha o desafio quem conseguir fazer o maior número possível de deslocamentos e acertar o emprego da vírgula. Vamos lá!

a) "Defeitos não fazem mal quando há vontade e poder de os corrigir." (Machado de Assis)

_____

_____

_____

b) "Quando morre um idoso, perde-se uma biblioteca." (Provérbio indiano)

_____

_____

_____

c) "Se não houver frutos, valeu a beleza das flores; se não houver flores, valeu a sombra das folhas; se não houver folhas, valeu a intenção da semente." (Henfil)

_____

_____

_____

PRODUÇÃO DE TEXTO

A sugestão desta atividade de criação é produzir uma **crônica** na qual a personagem principal passe por uma situação constrangedora por ser alvo de atitude preconceituosa.

Exponha as crônicas produzidas por sua turma no mural da escola. Lembre-se de que as crônicas costumam ser escritas para jornais e revistas.

PLANEJE SEU TEXTO

Responda a cada um dos itens do quadro como modo de planejamento. Amplie o número de itens, se precisar. Verifique se cumpriu o planejado na hora de avaliar o texto.

PARA ESCREVER A CRÔNICA	
1. Qual é o público leitor do texto?	
2. Que linguagem vou empregar?	
3. Qual é a estrutura que o texto vai ter?	
4. Onde o texto vai circular?	

ORIENTAÇÕES PARA A PRODUÇÃO

- A personagem protagonista da crônica pode sofrer qualquer tipo de preconceito ou discriminação. Por exemplo:
  » ser esnobada porque é adolescente ou jovem;
  » ser menosprezada por estar com vestimenta simples ou diferente da esperada para a ocasião;
  » sofrer preconceito por falar de um jeito diferente; por vir de outro lugar e apresentar hábitos diferentes das outras pessoas.
- Você poderá criar uma história que misture ficção e realidade, contando de maneira literária um acontecimento vivido por você ou por algum conhecido seu.
- A crônica deve permitir ao leitor refletir sobre um determinado tema que não precisa ser apresentado explicitamente, mas pode estar implícito na narrativa, ou seja, você pode abordá-lo enquanto narra a história.
- Lembre-se de que a crônica costuma ser predominantemente narrativa, mas também pode apresentar a descrição, a exposição de ideias, a argumentação.
- Faça um planejamento do texto antes de escrever.

a) Que personagens farão parte da história?

b) Onde se passarão os acontecimentos?

c) Em que tempo o fato transcorrerá (passado, presente, futuro)?

d) Qual é o ponto de vista do narrador? Ele será apenas um observador ou terá domínio sobre todas as ações e pensamentos das personagens? Ou ele será um narrador-personagem?

e) Qual é o conflito da história? O que sucederá às personagens?

f) Como será o início da história? E o desenvolvimento (núcleo central da história)?

g) Como terminará a história? Qual será o desenlace?

AVALIAÇÃO E REESCRITA

- O texto apresenta fatos do cotidiano relacionados com o tema proposto?
- Propõe uma reflexão sobre o tema abordado?
- Organiza as ideias em parágrafos, desenvolvendo-as de maneira clara e construindo um texto breve?
- Se o texto faz uso de diálogos, a pontuação do discurso direto foi empregada de maneira adequada?
- Houve repetição excessiva de ideias, palavras, expressões ou do mesmo conectivo?
- A narrativa facilita o envolvimento do leitor?
- A linguagem empregada é coloquial, informal ou mistura ambas? O uso da linguagem se afina com a proposta escolhida?
- Antes de entregar a produção, consulte o dicionário para tirar dúvidas quanto à grafia ou ao significado das palavras.
- Verifique se o texto apresenta problemas de:
  » concordância verbal;
  » uso dos conectivos e construção de períodos;
  » pontuação.
- Depois da revisão, passe o texto a limpo de modo que fique bem legível e monte o mural com a ajuda de seus colegas.

PREPARANDO-SE PARA O PRÓXIMO CAPÍTULO

Entreviste algumas pessoas para saber "o que o brasileiro pensa do Brasil" e quais os problemas brasileiros que elas consideram os mais graves. Anote as respostas em uma folha avulsa para serem divulgadas no mural da sala de aula ou nos corredores da escola, conforme orientação do professor. Não se esqueça de anotar o nome, a idade e a profissão da pessoa entrevistada.

Unidade 4

Brasil, seu povo, seus desafios

Nesta unidade, você estudará:

- **CONCORDÂNCIA VERBAL**

- **ORAÇÕES SUBORDINADAS SUBSTANTIVAS**

- **REGÊNCIA VERBAL**

- **INTERTEXTUALIDADE E PARÓDIA**

- **CONCORDÂNCIA NOMINAL**

- **REGÊNCIA NOMINAL**

- **ORAÇÕES SUBORDINADAS ADJETIVAS**

PARA COMEÇO DE CONVERSA

Zacarias da Silva Silveira.
Natureza em decomposição.
80 cm x 60 cm.
Óleo sobre tela, 2008.

1 Que elementos você vê na imagem?

2 Que sentimentos ela lhe desperta?

3 Que elementos da pintura fazem referência ao país e ao continente em que vivemos?

4 De que maneira a tela relaciona o ser humano à natureza?

5 Como você interpreta a tela? O que você supõe que o artista quis provocar ou transmitir?

6 Você já passou pela experiência de ter ido a algum lugar bonito e, tempos depois, ao ter retornado a esse espaço, tê-lo encontrado destruído ou deteriorado? Comente essa experiência com seus colegas de classe.

7 Você conhece algum movimento voltado à defesa do meio ambiente e do futuro do planeta?

Capítulo 1

NA TERRA DO SABIÁ

PRÁTICA DE LEITURA

Texto 1 – Reportagem

No título da reportagem seguinte foi empregado o verbo **corroborar**. Observe alguns sinônimos para essa palavra: **confirmar**, **apoiar**, **informar**.

Leia o texto e, de acordo com as informações dadas, informe qual dos sinônimos melhor substituiria esse verbo.

Novo estudo corrobora previsão de Amazônia mais quente e seca

Pesquisa do Inpe dá mais peso a risco de alterações na mata

A floresta amazônica ficará mais quente e com eventos naturais extremos "como grandes secas ou inundações" cada vez mais comuns. Esse tipo de projeção já vinha aparecendo em pesquisas anteriores. Mas o cenário pessimista foi corroborado agora por um modelo climático mais sofisticado, levando em conta as características específicas da Amazônia.

O trabalho, feito pelo Inpe (Instituto Nacional de Pesquisas Espaciais) e pelo Centro Hadley, do Reino Unido, também incorporou na análise o ciclo do carbono e a dinâmica da vegetação diante das mudanças climáticas.

"Os modelos anteriores consideravam uma vegetação estática, que não reagia às

Vista aérea do leito seco do rio Negro, em Iranduba (AM), na seca de 2010, considerada a pior em cem anos.

144

alterações no clima", explica o climatologista do Inpe José Marengo, um dos autores. Por exemplo, na seca de 2010, estima-se que a mortalidade das árvores tenha liberado 5 bilhões de toneladas de CO_2 na atmosfera. O cenário agora é de mais secas no sul da Amazônia nos próximos anos e chuvas mais intensas no norte da floresta. Além disso, a mata deve ficar mais rala e aberta, processo chamado de savanização.

Tudo isso, claro, será agravado se o desmatamento não for contido. "Se o desmate aumentar, os impactos na floresta também ficarão mais intensos", diz Marengo.

Os resultados dos novos modelos sugerem que, quando o desmatamento atingir mais de 40% da extensão original da floresta amazônica, a precipitação (ou seja, o índice de chuvas) diminuirá de forma significativa no leste.

Isso provocaria um aquecimento de mais de 4 °C na parte oriental da floresta, com redução significativa das precipitações na área.

Incertezas

De acordo com Marengo, há muitas dúvidas na produção de cenários futuros. Isso porque não há como saber com precisão qual será a eficácia das políticas de redução dos impactos das mudanças climáticas ao longo dos próximos anos.

"Os tomadores de decisão precisam saber dessas previsões. É preciso reconhecer que o problema pode ter impactos na economia e sociedade", diz Marengo.

Por exemplo, no caso da importante malha fluvial amazônica, "secas extremas deixarão os rios intrafegáveis. Os políticos precisam saber disso", afirma o cientista.

De acordo com o especialista, a publicação dos resultados em forma de relatório, e não em uma revista científica, como seria praxe, foi a forma encontrada pelo grupo para que a informação chegasse aos políticos. "Aldo Rebelo [relator da proposta do Código Florestal] diz que faltam estudos científicos. Aqui temos um estudo científico afinado com a realidade nacional. A evidência está aí", conclui ele.

Sabine Righetti. *Folha de S.Paulo*. São Paulo, 11 maio 2011. Suplemento Ciência.

Por dentro do texto

1. O novo estudo sobre a Amazônia traz previsões otimistas ou pessimistas? Por quê?

2. Quais são os órgãos responsáveis por esse novo estudo?

3. O que faz com que esse novo estudo seja mais efetivo?

4 Considere o conteúdo que está sob o intertítulo "Incertezas".

a) Quais seriam as incertezas a que o texto se refere?
___
___

b) Em relação ao transporte, que consequência a seca trará para a região amazônica?
___
___

5 De acordo com a conclusão do texto, por que a publicação do resultado dos estudos sobre a Amazônia não foi divulgada em revistas especializadas?
___
___
___

6 Qual a importância do estudo ter sido baseado em pesquisas científicas?
___
___
___

REFLEXÃO SOBRE O USO DA LÍNGUA

Concordância verbal

1 Leia as frases abaixo e observe a concordância do verbo com o sujeito a que se refere.

- A **floresta** ficará mais quente e com eventos naturais extremos.
- A **vegetação** ficou muito prejudicada.

> **Importante saber**
> Quando o núcleo do sujeito simples for um **substantivo coletivo, ele concorda com o verbo no singular**, embora expresse ideia de conjunto.
> No entanto, se o sujeito for formado por um substantivo coletivo no singular complementado por um termo no plural, o verbo poderá ficar no singular ou no plural.
> - Um grupo de atletas japoneses chegou ao país.
> - Um grupo de atletas japoneses chegaram ao país.

146

2 Agora observe a concordância do verbo com o sujeito formado por nomes próprios.

- Os **Estados Unidos** não tiram os olhos da Amazônia.
- O **Estados Unidos** não tira os olhos da Amazônia.

- Em qual das frases anteriores, a palavra país está implícita no sujeito? Reescreva-a, incluindo essa palavra no sujeito.

_____

_____

Importante saber

Na primeira frase, o sujeito "Os Estados Unidos" apresenta núcleo no plural. Assim, o verbo deve ficar no plural para concordar com o núcleo no plural.

Os Estados Unidos não tiram os olhos da Amazônia.

núcleo do sujeito no plural — **verbo no plural**

Já na segunda frase, a palavra "país" está implícita no sujeito e corresponde ao núcleo desse sujeito. Nesse caso, o verbo fica no singular para concordar com o núcleo "país" que está no singular. Veja:

O (país) Estados Unidos não tira os olhos da Amazônia.

núcleo do sujeito implícito no singular — **verbo no singular**

3 A concordância do sujeito com o verbo ainda segue outras regras. Veja.

- A maior parte das espécies animais não **suportará** o desmatamento.
- A maior parte das espécies animais não **suportarão** o desmatamento.
- A maioria das árvores **sofrem** com as alterações climáticas.
- A maioria das árvores **sofre** com as alterações climáticas.

- Será que pode haver dois tipos de concordância para a mesma oração? Será que é possível que todas essas formas obedeçam às regras gramaticais?

☐ Sim ☐ Não

> **Importante saber**
> Quando o sujeito simples for formado por **expressões partitivas** (parte de, uma porção de, metade de, a maior parte de), o verbo pode ficar no singular ou flexionar-se no plural.

4 Fique atento agora para situações de concordância verbal que, por vezes, deixam-nos em dúvida.

Caso 1

- **Vinte por cento** menos da floresta **provocarão** alterações significativas na Floresta Amazônica.

- **Um quarto** da população **tem** consciência do que se passa com a Floresta Amazônica.

Quando o núcleo do sujeito é um **número percentual ou fracionário**, a concordância segue a regra normal:

núcleo de uma unidade (um quarto) – verbo no singular (tem);

núcleo de duas unidades ou mais (vinte por cento) – verbo no plural (provocarão).

Caso 2

- No total, 17% **da floresta** já **desapareceu** nos últimos anos.

- No total, 17% **das florestas mundiais** já **desapareceram** nos últimos anos.

Os percentuais também admitem uma concordância com o substantivo que lhes segue. Assim, o verbo **desapareceu** concordou com **floresta** (substantivo singular) e o verbo **desapareceram** concordou com **florestas** (substantivo no plural).

Aplicando conhecimentos

1 Leia o trecho de uma canção composta por Roger Moreira, vocalista da banda Ultraje a Rigor.

Inútil

A gente não sabemos escolher presidente
A gente não sabemos tomar conta da gente
A gente não sabemos nem escovar os dentes
Tem gringo pensando que nóis é indigente
Inútil
A gente somos inútil [...]

A gente faz música e não consegue gravar
A gente escreve livro e não consegue publicar
A gente escreve peça e não consegue encenar
A gente joga bola e não consegue ganhar
Inútil
A gente somos inútil [...]

Roger Moreira, vocalista da banda Ultraje a Rigor. Em: *Nós vamos invadir sua praia* (LP), 1985. Warner Music.

a) A quem se refere a expressão "a gente"?

b) Identifique, na letra da canção, um exemplo de uso que foge à regra de concordância verbal.

c) Em sua opinião, qual é o propósito do grupo Ultraje a Rigor ao utilizar esse tipo de concordância verbal na música?

2 O texto a seguir é a transcrição de uma história que um aluno ouviu em sala de aula. Ele escreveu esse texto para o professor avaliar seus conhecimentos. Coloque-se no lugar desse professor. Corrija a produção desse aluno, transcrevendo-a corretamente no caderno.

- Uma dica: o texto apresenta problemas de concordância e de pontuação. Identifique-os, adequando a obra do aluno às regras gramaticais estudadas.

> Esta é uma história de um menino.
> Uma vez na pequena cidade do interior de São Paulo ia acontecer uma maratona.
> Os participantes era meninos de 10 a 12 anos, num total de 2000.
> Ele tinha que correr os 10 km e no final subir uma montanha muito alta. Eles conseguiram correr os 10 km ao chegar na montanha tinha uma multidão gritando negativamente não vai conseguir, não vai conseguir.
> E todos foram desistindo menos um menino ele foi até o final da montanha e conseguiu ganhar a prova. E quando foram falar com o vencedor descobriu que ele era surdo e não estava escutando a multidão gritando que eles não ia conseguir.
> Moral da história:
> Quando você tem um sonho acredite em você não dê ouvido ao que as pessoas falam, só assim você vai conseguir realizá-lo.
>
> Marcelo O. P., 8ª série [9º ano], 2004. Escola Conforja, Diadema/SP.

3 Complete as manchetes jornalísticas a seguir com os verbos entre parênteses. Estabeleça a concordância verbal adequada.

a) Os EUA _____ o plano de paz. (assinar)

b) 58% da produção agrícola _____ exportada. (ser)

c) Dois terços dos estudantes franceses _____ medida do governo. (rejeitar)

d) Na zona rural, a maioria das crianças ainda _____ o sustento da família. (ser)

4 Das duplas de orações a seguir, assinale as que apresentam a concordância verbal correta. Se ambas estiverem corretas, assinale as duas.

a) ☐ Grande parte dos alunos tem mais de catorze anos.

☐ Grande parte dos alunos têm mais de catorze anos.

b) ☐ Sabemos que faltam apenas 13% para que a produção seja finalizada.

☐ Sabemos que falta apenas 13% para que a produção seja finalizada.

c) ☐ Um terço dos livros contém ilustrações.

☐ Um terço dos livros contêm ilustrações.

d) ☐ A maioria dos participantes desistiu da prova.

☐ A maioria dos participantes desistiram da prova.

e) ☐ Os tomadores de decisão precisam saber dessas decisões.

☐ A gente precisa saber tomar decisões.

f) ☐ Uma multidão invadiu o estádio.

☐ Uma multidão de torcedores invadiram o estádio.

5 Uma das orações a seguir apresenta um erro de concordância. Reescreva a oração, corrigindo-a.

- De que lado ficarão os Estados Unidos nesse conflito?
- De que lado ficarão o Estados Unidos nesse conflito?

_____
_____
_____
_____

REFLEXÃO SOBRE O USO DA LÍNGUA

Orações subordinadas substantivas

1 Vamos revisar a sintaxe do período simples. Classifique os termos em destaque nos períodos seguintes, de acordo com sua função sintática, conforme as seguintes possibilidades: sujeito, objeto direto, objeto indireto, complemento nominal, predicativo do sujeito e aposto.

a) **Nossa terra brasileira** é **um país bonito**.

b) Um século mais desse tipo de ocupação destruiria a **prodigiosa natureza brasileira**.

c) Adaptávamos as terras e as águas **às nossas necessidades**.

d) Assim era o Brasil, **a província mais linda do planeta**.

e) A destruição **da floresta** tem efeitos muito negativos para o clima da Floresta Amazônica.

2 Antes de prosseguir, confira as respostas com seu professor. É importante que você tenha as informações corretas e que não tenha dúvidas sobre o que foi visto até agora. Depois da correção do exercício 1, responda ao que se pede.

a) Localize e copie o núcleo de cada um dos termos destacados nos períodos do exercício 1.

b) A que classe gramatical os núcleos copiados pertencem?

3 Agora observe os seguintes períodos.

a) O único problema é / **que a mesada era curta para tantos créditos**.

    ↓   ↓   ↓

  sujeito   verbo de ligação   oração subordinada

- Pense no período simples: a oração já contém um sujeito e um verbo de ligação. Qual termo será preciso para que ela tenha sentido completo?

- Depois de responder à questão anterior, reflita: que função sintática a oração subordinada do período acima desempenha?

151

b) É preciso / **evitar o desastre previsível**.

verbo de ligação — predicativo do sujeito — oração subordinada

- Nesse caso, se o período já contém um verbo de ligação e um predicativo do sujeito, qual termo é necessário para que ele tenha sentido completo?

_____

4 Você acabou de descobrir que, em um período composto por subordinação, a oração subordinada pode exercer a mesma função sintática de um substantivo. Sendo assim, que funções sintáticas a oração subordinada pode exercer? Retorne ao exercício 1, se achar necessário.

_____

_____

Importante saber

Em um período composto por subordinação, quando a oração subordinada exerce a função sintática que poderia ser exercida por um substantivo, damos a ela o nome de **oração subordinada substantiva**.

De acordo com a função sintática que exercem, as subordinadas substantivas podem ser classificadas em:

- **Subjetiva** – exerce a função de **sujeito**.

É necessário / **que se procurem maneiras alternativas de desenvolvimento**.

verbo de ligação — predicativo do sujeito — oração subordinada substantiva subjetiva

- **Objetiva direta** – exerce a função de **objeto direto**.

Nos bosques florestais podemos ver / **como o Brasil foi bonito**.

verbo transitivo — oração subordinada substantiva objetiva direta

- **Objetiva indireta** – exerce a função de **objeto indireto**.

Lembre-se / **de sempre economizar recursos**.

verbo transitivo direto e indireto — oração subordinada substantiva objetiva indireta

- **Completiva nominal** – exerce a função de **complemento nominal**.

Tomou a difícil resolução / **de segurar a vontade**.

núcleo do objeto direto (substantivo) — oração subordinada substantiva completiva nominal

- **Predicativa** – exerce a função de **predicativo do sujeito**.

A verdade é / **que nós não tratamos bem de nossa morada**.

sujeito — verbo de ligação — oração subordinada substantiva predicativa

> ■ **Apositiva** – exerce a função de **aposto**.
> Resolveu então o seguinte: / **segurar a vontade**.
>   ↓   ↓
>   objeto direto   oração subordinada
>   substantiva apositiva

Aplicando conhecimentos

1 Classifique sintaticamente as orações subordinadas substantivas destacadas.

a) Uma simulação em computador indica **que alterações climáticas significativas ocorrerão em breve**.

b) O homem não será capaz **de conhecer toda a riqueza da biodiversidade da Floresta Amazônica**.

c) É necessário **que contenhamos o ritmo da devastação da Floresta Amazônica**.

d) O importante é **que contribuam para a preservação dos recursos naturais**.

e) O importante é isto: **que todos contribuam para a preservação dos recursos naturais**.

2 Em muitos casos, a oração subordinada substantiva pode vir ligada à oração principal pelas conjunções **que** ou **se**. Explique a diferença de sentido atribuída às orações abaixo, em decorrência do uso de uma ou outra conjunção:

a) Descobriremos **que** o desenvolvimento sustentável é possível.

b) Descobriremos **se** o desenvolvimento sustentável é possível.

3 Transforme os períodos simples a seguir em períodos compostos por subordinação, substituindo as expressões destacadas por orações subordinadas substantivas.

a) O futuro do planeta depende **de nossa conscientização**.

b) O importante é **a conscientização de todos**.

153

c) É importante **o compromisso dos países**.

_____

d) É necessário **votar nas próximas eleições**.

_____

e) Da janela do quarto podíamos apreciar **o cozimento das carnes**.

_____

4 Como são classificadas as orações subordinadas que você criou no exercício anterior, de acordo com a sua função sintática?

_____

_____

5 Leia a tirinha de Fernando Gonsales. Depois, assinale a(s) alternativa(s) correta(s).

Quadrinho 1: O OTIMISTA DIZ QUE O COPO DE IOGURTE ESTÁ MEIO CHEIO
Quadrinho 2: O PESSIMISTA DIZ QUE ELE ESTÁ MEIO VAZIO!
Quadrinho 3: O REALISTA COME LOGO ANTES QUE CHEGUE A CONCORRÊNCIA!

Fernando Gonsales. Disponível em: <http://www2.uol.com.br/niquel/index.shtml>. Acesso em: abril 2010.

☐ Duas orações subordinadas substantivas objetivas diretas foram usadas para construir o discurso indireto citado pelo personagem.

☐ O personagem usou dois períodos compostos por subordinação para expressar ideias contrárias.

☐ Foram usados, pelo personagem, dois períodos simples para expressar ideias complementares.

☐ O personagem usou duas orações subordinadas substantivas objetivas indiretas para construir o discurso indireto.

☐ A mudança do sujeito, na 1ª oração, e do predicativo, na 2ª oração, em cada um dos períodos, foi responsável pela construção das ideias contrárias.

6 Transforme as duas primeiras orações subordinadas da tira em orações subordinadas substantivas apositivas.

a) O otimista diz que o copo de iogurte está meio cheio.

_____

b) O pessimista diz que ele está meio vazio.

PRÁTICA DE LEITURA

Texto 2 – Canção

Leia a seguinte canção de Cazuza, cujo tema é a impunidade. A denúncia é percebida se o espírito crítico do observador estiver atento, e se houver, por parte dele, a vontade de mudar, de conquistar o bom e o desejável.

Brasil

Não me convidaram
Pra esta festa pobre
Que os homens armaram
Pra me convencer
A pagar sem ver
Toda essa droga
Que já vem malhada
Antes d'eu nascer

Não me ofereceram
Nem um cigarro
Fiquei na porta
Estacionando os carros
Não me elegeram
chefe de nada
O meu cartão de crédito
É uma navalha

Brasil mostra a tua cara
Quero ver quem paga
Pra gente ficar assim
Brasil qual é o teu negócio
O nome do teu sócio
Confia em mim

Não me convidaram
Pra esta festa pobre

Que os homens armaram
Pra me convencer
A pagar sem ver
Toda essa droga
Que já vem malhada
Antes d'eu nascer

Não me sortearam
a garota do *Fantástico*
Não me subornaram
Será que é o meu fim
Ver TV a cores na
Taba de um índio
Programada pra
Só dizer sim, sim

Brasil mostra a tua cara
Quero ver quem paga
Pra gente ficar assim
Brasil qual é o teu negócio
O nome do teu sócio
Confia em mim

Grande pátria desimportante
Em nenhum instante
Eu vou te trair
Não, não vou te trair

Cazuza. Em: *Ideologia* (LP), 1988. Universal Music.

Por dentro do texto

- Discuta com seus colegas a canção. Sugerimos um **roteiro** para orientar a discussão. Leia-o.

a) Leia para a sala o trecho da música que mais chamou a sua atenção e explique sua escolha.
___
___

b) Que sentimentos ou impressões são expressos na canção? Explique, com clareza, as razões apresentadas para a expressão desses sentimentos.
___
___

c) Se você fosse fazer alguma denúncia hoje, sobre o que falaria?
___
___
___

d) Você sabe a quem deve se dirigir para denunciar problemas sociais como violência, roubo, injustiças?
___
___

e) Você acha que o cidadão comum deveria fazer denúncia das irregularidades, dos atos de violência? Você acha que essa ação ajudaria a mudar a realidade para melhor?
___
___

f) Você considera uma tarefa fácil fazer essas denúncias? Por quê? Você se lembra de algum caso em que a crítica de um cidadão teve como consequência a resolução de algum problema da comunidade? Conte-o.
___
___

REFLEXÃO SOBRE O USO DA LÍNGUA

Regência verbal

1 Leia os versos a seguir.

> "Pra me convencer
> A pagar sem ver
> Toda essa droga
> Que já vem malhada
> Antes d'eu nascer..."
>
> *Brasil*, Cazuza.

> "Por esse pão pra comer, por esse chão pra dormir
> A certidão pra nascer e a concessão pra sorrir
> Por me deixar respirar, por me deixar existir
> Deus lhe pague..."
>
> *Deus lhe pague*, Chico Buarque.

2 Agora, preencha as explicações a seguir.

- O verbo **pagar** foi empregado nos versos de Cazuza e Chico Buarque. Esse é um verbo que pode estar relacionado a objetos ou pessoas.

    A **pagar** (o quê?) *toda* **essa droga**...
       ↓   ↓
    verbo   objeto direto
    transitivo direto

- Quando relacionamos o verbo **pagar** a objetos, não utilizamos preposição. A relação se dá de maneira direta. Por isso, nesse caso, o verbo é chamado de transitivo _____ (direto/indireto).

- Quando o relacionamos a **pessoas**, ele será transitivo _____ (direto/indireto), pois a relação se faz por meio da preposição:

Deus **lhe pague** (a quem?)
       ↓   ↓
    objeto verbo
    indireto transitivo indireto

> **Importante saber**
>
> Observe que o pronome **lhe** está no lugar da expressão **a você** (preposição **a** + pronome **você**). Portanto, "Deus lhe pague" equivale a "Deus pague a você".

3 Releia o trecho a seguir e verifique se os verbos **querer** e **confiar** se ligam a seus complementos com ou sem preposição e assinale as alternativas corretas.

157

"Brasil mostra a tua cara
Quero ver quem paga
Pra gente ficar assim
Brasil, qual é o teu negócio
O nome do teu sócio
Confia em mim"

☐ **querer**: com preposição; **confiar**: sem preposição.

☐ **querer**: sem preposição; **confiar**: sem preposição.

☐ **querer**: sem preposição; **confiar**: com preposição.

Importante saber

A **relação** entre o **verbo** (termo regente) e seu **complemento** (termo regido) recebe o nome de regência verbal:

Não me ofereceram / nem um cigarro.

    ↓   ↓   ↓

termo regido   termo regente   termo regido

Veja outros exemplos na tabela gramatical no Apêndice, conforme orientação do seu professor.

Aplicando conhecimentos

1 Leia o texto a seguir.

O principal compromisso firmado na África do Sul foi a Plataforma de Durban, roteiro para acordo global de redução de gases de efeito estufa que _____ calendário para se criar, até 2015, um instrumento legal vinculante. A grande conquista é que todos os países-membros da Convenção do Clima (tratados como partes) terão metas obrigatórias a cumprir a partir de 2021.

[...]

O que nos _____ esperança é que alguns países já estão investindo maciçamente em tecnologia, migrando para uma matriz energética mais limpa e realizando outras iniciativas que os colocarão em vantagem no futuro.

O Brasil também está caminhando para mudanças, mas ainda de forma contraditória. Por meio da Política Nacional sobre Mudança do Clima, foram estabelecidas metas voluntárias de reduzir entre 36,1% e 38,9% de suas emissões projetadas até 2020. Esse é um dos maiores programas do mundo de redução voluntária de emissões.

Contudo, a aprovação do projeto de lei em tramitação no Congresso Nacional que altera o Código Florestal poderá pôr tudo a perder, pois _____ novos desmatamentos e _____ aqueles que desmataram ilegalmente no passado. Além da perda de biodiversidade, isso deve resultar em um aumento absurdo das emissões brasileiras de gases estufa e na redução da captação de carbono pelas áreas que deixarão de ser restauradas.

Para assumir posição de liderança mundial na questão climática é fundamental que o país proteja suas áreas naturais. O país _____ de diretrizes mais sérias nesse sentido. Em vez de adaptar o Código Florestal a favor de quem não o cumpriu, é preciso _____ aqueles que preservam. Também é necessário que o país crie e mantenha unidades de conservação.

[...] Se não _____ cuidado e esperarmos muito para agir, podemos chegar a níveis de emissões preocupantes, antes mesmo de o novo acordo entrar em vigor.

Malu Nunes. *Correio Braziliense*, 3 jan. 2012.

- Complete os espaços em branco com as formas verbais seguintes na ordem que devem ocupar no texto. Preste atenção à regência verbal e às ideias do texto.

| favorecer | estabelece | tomarmos | permitirá | traz | precisa | anistiará |

2 Agora, responda.

a) Qual é a regência do verbo **precisar**? Ele é transitivo direto ou indireto?

b) Descubra a regência dos outros verbos, ou seja, verifique se são regidos por uma preposição.

3 Consulte as regras de regência verbal no Apêndice deste livro e, para cada dupla de frases a seguir, copie apenas a que está correta.

a) A funcionária da tecelagem passou mal porque aspirou as partículas de tecido.

A funcionária da tecelagem passou mal porque aspirou às partículas de tecido.

b) Aspirava o cargo de secretária da gerência, mas não o conseguiu.

Aspirava ao cargo de secretária da gerência, mas não o conseguiu.

c) Assistiu o filme mais de oito vezes!

Assistiu ao filme mais de oito vezes!

d) Agradeceu aos participantes do programa de tevê.

Agradeceu os participantes do programa de tevê.

e) Agradeceu a presença dos participantes.

Agradeceu à presença dos participantes.

f) Resolveu obedecer o técnico para se dar bem no campeonato.

Resolveu obedecer ao técnico para se dar bem no campeonato.

PRÁTICA DE LEITURA

Texto 3 – Poema

Canção do exílio

Minha terra tem palmeiras,
Onde canta o Sabiá;
As aves, que aqui gorjeiam,
Não gorjeiam como lá.

Nosso céu tem mais estrelas,
Nossas várzeas têm mais flores,
Nossos bosques têm mais vida,
Nossa vida mais amores

Em cismar, sozinho, à noite,
Mais prazer encontro eu lá:
Minha terra tem palmeiras,
Onde canta o Sabiá.

Minha terra tem primores,
Que tais não encontro eu cá;
Em cismar – sozinho, à noite –
Mais prazer encontro eu lá:

> Minha terra tem palmeiras,
> Onde canta o Sabiá.
>
> Não permita Deus que eu morra,
> Sem que volte para lá:
>
> Sem que desfrute os primores
> Que não encontro por cá:
> Sem qu'inda aviste as palmeiras,
> Onde canta o Sabiá.
>
> Gonçalves Dias.
> *Obras poéticas de Antônio Gonçalves Dias.*
> São Paulo: Companhia Editora Nacional, 1944.

Por dentro do texto

1) Que visão de pátria é apresentada no poema? Confirme a sua resposta, transcrevendo dois versos do texto.

2) No poema, as palavras **lá** e **cá** aparecem repetidamente. O que elas representam para o eu poético?

3) Apesar de se referir ao próprio país, o Brasil, podemos considerar universal a maneira como o poeta vive seu sentimento em relação à pátria. Por quê?

4) Como você interpretaria a repetição da expressão "Minha terra tem..."?

5) Transcreva os versos do poema que podem ilustrar os seguintes sentimentos.

- Desilusão.

- Encantamento.

6 Leia o quadro.

> **Importante saber**
> Quando um texto tem outro texto como ponto de partida, confirmando suas ideias ou confrontando-as, observamos a **intertextualidade**.

- O poema "Canção do exílio" apresenta versos que nos permitem perceber intertextualidade entre ele e o "Hino Nacional". Identifique esses versos.

_____

7 Agora leia esta paródia em quadrinhos e responda às próximas questões.

Vida de Passarinho — Caulos

Quadrinho 1: GONÇALVES DIAS: "NOSSO CÉU TEM MAIS ESTRELAS...
Quadrinho 2: NOSSAS VÁRZEAS TÊM MAIS FLORES...
Quadrinho 3: ...NOSSA VIDA MAIS AMORES
Quadrinho 4: MINHA TERRA TEM PALMEIRAS ONDE CANTA O SABIÁ."
Quadrinho 5: O SABIÁ SOU EU.
Quadrinho 6: ESSA **ERA** A PALMEIRA.

Caulos. *Vida de passarinho*. Porto Alegre: L&PM, 2005.

a) Estabeleça uma comparação entre os textos de Gonçalves Dias e Caulos, apontando as semelhanças e diferenças quanto aos aspectos solicitados abaixo.

- linguagem empregada

_____
_____

- organização dos textos

- objetivos dos autores ao produzi-los

b) O que provocou humor no texto?

c) Podemos dizer que houve intertextualidade entre o poema e a história em quadrinhos?

> **Importante saber**
> A **paródia** estabelece **intertextualidade**, pois é um texto que se confronta com as ideias de outro, e sua intenção é provocar efeitos de humor ou crítica.
> Nesse caso, os elementos do texto de Caulos reescrevem os elementos da versão original da "Canção do exílio", de Gonçalves Dias, provocando humor.

8 Leia esta história em quadrinhos.

- Explique como a história de Bidu estabelece intertextualidade com a "Canção do exílio" e qual é a novidade do texto que provoca humor.

163

PRODUÇÃO DE TEXTO

PROPOSTA 1

O desafio desta vez é a produção de uma **paródia**. Depois de criar o seu texto, o professor combinará com a turma se os textos serão apresentados na sala de aula ou em um festival de paródias.

PLANEJE SEU TEXTO

Responda a cada um dos itens do quadro como modo de planejamento. Amplie o número de itens, se precisar. Verifique se cumpriu o planejado na hora de avaliar o texto.

PARA ESCREVER A PARÓDIA	
1. Qual é o público leitor do texto?	
2. Que linguagem vou empregar?	
3. Qual é a estrutura que o texto vai ter?	
4. Onde o texto vai circular?	

ORIENTAÇÕES PARA A PRODUÇÃO

- Escolha um texto que queira parodiar. Pode ser uma notícia, artigo de revista, canção, poema etc.
- Defina a intenção de seu texto para usar adequadamente os recursos para provocar humor ou crítica.
- Não se esqueça de que em sua paródia devem aparecer elementos do texto original para que o leitor possa identificá-lo. O texto original precisa ser conhecido pelo leitor para que ele possa compreender o sentido da paródia.
- Apresente o seu texto oralmente.
- Caso fique combinado com o professor, a atividade poderá ser feita em duplas.
- Participe de um festival escolar, construindo suas paródias e apresentando-as aos alunos e funcionários da escola em data e local combinados com antecedência.

Sugestão para o início da paródia

Vamos mudar o sujeito e o objeto de alguns verbos da "Canção do exílio" a fim de construir uma paródia? Pense nos temas ecologia e proteção ambiental, e crie uma nova crítica a esse respeito.

Minha terra tem _____

que não dá pra _____

Tudo aqui é muito _____

Mas _____

Não permita Deus que eu morra,

sem _____

PROPOSTA 2

Para continuar alimentando o mural proposto no capítulo 1 da Unidade 3, produza um **artigo de opinião**, utilizando, para isso, as informações contidas no quadro a seguir. Leia-o atentamente e, em seguida, esquematize suas ideias, dividindo-as em parágrafos.

Utilize os elementos de articulação necessários para tornar mais claras as ideias do texto.

Una os argumentos citados a seguir, usando os elementos articuladores do texto argumentativo. Sua opinião deve ficar clara. A ideia inicial deve ser retomada e reforçada no último parágrafo.

Para produzir e avaliar o seu texto, volte ao capítulo 1 da unidade 3, releia as orientações para a produção e as questões de avaliação.

O homem está tirando da natureza mais do que ela pode dar

A superexploração dos recursos naturais criou cinco situações ambientais críticas: a ameaça de esgotamento das fontes de água limpa, a mudança climática, a perda de biodiversidade, a poluição e a redução dos recursos energéticos

1 ÁGUA — Em 100 anos, seu consumo multiplicou-se por seis e hoje um terço da humanidade vive em áreas onde falta água limpa

2 MUDANÇA CLIMÁTICA — A temperatura média da Terra elevou-se em 1 grau nos últimos 120 anos, fazendo derreter o gelo das calotas polares e aumentando a intensidade dos furacões

3 BIODIVERSIDADE — 840 espécies catalogadas de seres vivos foram extintas nos últimos 500 anos

4 POLUIÇÃO — A concentração de gás carbônico na atmosfera cresceu 30% nos últimos 150 anos e as mortes relacionadas ao ar poluído chegam a 3 milhões por ano

5 ENERGIA — O consumo de energia aumentou 32 vezes no último século

Veja. São Paulo: Abril, 12 out. 2005.

AVALIAÇÃO E REESCRITA

■ **Primeira etapa**

Às vezes é mais fácil enxergar as inadequações presentes em um texto desconhecido do que no nosso, que já lemos tantas vezes. Por isso, depois de escrever seu rascunho no caderno, troque-o com um colega. Cada um lerá o texto do outro, corrigindo tudo que achar que não está adequado ou que pode ser melhorado.

■ **Segunda etapa**

Novamente de posse de seu texto, passe-o a limpo, mantendo ou não as correções, conforme seu parecer. Em seguida, cada um lerá seu texto para outro colega – diferente daquele que o revisou. Pergunte se o texto está claro, se as ideias seguem uma sequência coerente, se há ou não excesso de repetições e se todas as informações dadas no quadro foram usadas no seu texto.

■ **Terceira etapa**

Baseando-se nos comentários do colega, releia silenciosamente seu artigo, verificando, mais uma vez, a coerência e a coesão do texto (o uso dos marcadores temporais, dos conectivos, dos articuladores do texto).

Verifique o resultado, antes de passá-lo a limpo definitivamente, desta vez em uma folha avulsa. Anote em seu caderno a nota que você mesmo daria à sua produção, guardando-a só para si.

■ **Quarta etapa**

Se o seu artigo receber observações do professor, compare a avaliação que ele fez à nota que você havia atribuído ao texto. Quais são as falhas assinaladas pelo professor? Como você poderia melhorar ainda mais seu artigo de opinião?

■ **Quinta etapa**

1. Com que finalidade você construiu esse texto?
2. Em seu artigo de opinião há introdução (apresentação da tese), desenvolvimento (argumentos/contra-argumentos) e conclusão? Você é capaz de identificar esses elementos em sua produção?
3. Que dificuldades você teve para construir o texto?

PREPARANDO-SE PARA O PRÓXIMO CAPÍTULO

O que você quer ser? Talvez nunca tenha pensado nisso, mas deve saber que o momento para começar a se preocupar com a escolha da profissão está perto.

Uma boa dica para encontrar essa resposta é se fazer perguntas como estas.

- O que sei fazer muito bem?
- O que sei que faria muito bem se tentasse?
- O que gostaria de aprender a fazer muito bem?

Pense a respeito dessas questões, encontre uma resposta para elas e anote suas conclusões em seu caderno. Prepare-se para trocar ideias com seus colegas sobre isso e muito mais no próximo capítulo.

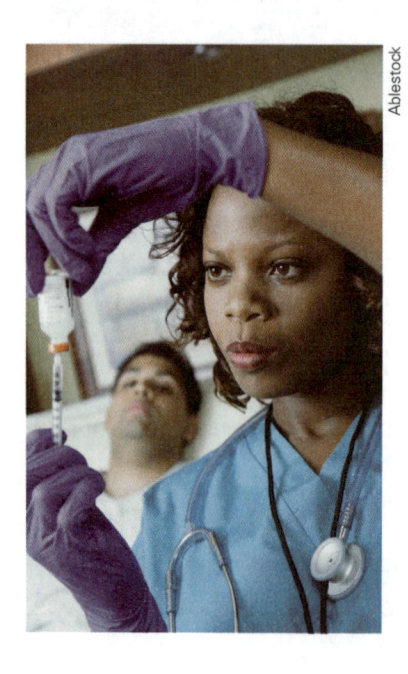

Capítulo 2 — Que profissão seguir?

PRÁTICA DE LEITURA

Texto 1 – Notícia

Você já pensou em ser astronauta? Leia o texto e veja que o desejo de ter essa profissão causou certo espanto à Nasa.

Nasa recebe 6.372 inscrições para turma de astronautas de 2013

O número de inscrições é segundo maior na história da agência espacial

Astronauta Ronald Garan instala uma peça no *Canada Arm 2* enquanto Michael Fossum faz reparos na Estação Espacial Internacional (ISS): ir ao espaço ainda é o sonho de muita gente (Nasa).

A Nasa anunciou nesta sexta-feira que recebeu 6.372 inscrições para fazer parte da turma de astronautas que iniciará os treinamentos em 2013. O número de solicitações recebidas, o dobro do habitual, é o segundo maior na história da agência espacial americana. Em 1978, mais de oito mil candidatos enviaram seu currículo com o sonho de fazer parte do corpo de astronautas da Nasa.

Em novembro de 2011, a agência espacial americana anunciou que abria o processo de seleção para recrutar os astronautas que continuarão com as missões à Estação Espacial Internacional (ISS, na sigla em inglês), mas que também se prepararão para futuras explorações além da órbita terrestre.

"Uma combinação adequada de habilidades, educação e experiência proporcionará uma maior capacidade para trabalhar com sucesso em uma ampla gama de situações operativas", afirmou em comunicado Janet Kavandi, diretora do departamento de operações da tripulação de voo.

A Nasa recebeu solicitações durante dois meses, prazo que venceu no dia 27 de janeiro. O diretor do escritório de seleção da Nasa, Duane Ross, admitiu a surpresa, já que, em convocações anteriores, as inscrições variaram entre 2.500 e 3.500 candidatos.

"Estamos um pouco surpresos, mas muito contentes pela arrasadora resposta. Isso demonstra que o público mantém seu interesse na exploração espacial." Uma vez recebidas as solicitações, começa um longo processo de seleção antes de convocar os pré-candidatos para as primeiras provas.

Durante os próximos dois meses aproximadamente, o pessoal do escritório de seleção de astronautas revisará os currículos. Os candidatos mais bem qualificados serão analisados por um comitê de seleção que determinará quem continua para os testes médicos e para as primeiras entrevistas.

O processo de entrevistas é realizado em duas etapas, primeiro, as do comitê de seleção de astronautas, entre agosto e outubro, e posteriormente, segundo o calendário estabelecido, entre novembro e janeiro de 2013, acontece outra rodada de entrevistas na qual são avaliados também os testes médicos.

A expectativa é que o comitê tome sua decisão final na primavera de 2013 e a nova turma comece então os dois anos de treino antes que possam ser enviados em uma missão.

Veja, 4 fev. 2012. Disponível em: <http://veja.abril.com.br>. Acesso em: 13 mar. 2012.

Por dentro do texto

1 Qual é o assunto dessa notícia?

2 Qual a importância do **olho** da notícia, ou seja, a frase abaixo da manchete?

3 Que fato surpreendeu o diretor do escritório de seleção da Nasa, Duane Ross?

4 Por que você acha que houve tanta procura pela profissão de astronauta em 2012?

___

5 Como serão escolhidos os candidatos?

___

6 E você, gostaria de ser um astronauta?

___

REFLEXÃO SOBRE O USO DA LÍNGUA

Concordância nominal

1 Complete o parágrafo seguinte com palavras ou expressões que deem sentido às frases. Atenção à coerência do texto.

_____ Nasa anunciou _____ grande número de candidatos a astronautas que serão _____ para _____ explorações além da órbita _____. _____ processo de seleção dos candidatos é _____ em etapas. Primeiro, serão _____ currículos. _____ candidatos _____ serão _____ para testes médicos e para as _____ entrevistas.

a) Que critério foi fundamental na escolha das palavras escritas antes dos substantivos destacados?

___

b) As palavras que você usou para preencher as lacunas pertencem a que classes gramaticais?

___

c) Que regra orientou você a fazer a concordância entre o substantivo e essas outras classes gramaticais?

Importante saber

Os artigos, numerais, pronomes e adjetivos concordam em gênero e número com o substantivo a que se referem. Veja:

artigo   substantivo   preposição + artigo   substantivo   artigo   substantivo   adjetivo

As **dezenas** de astronautas preparados pela **Nasa** não chegam a fazer uma **viagem** espacial.

A essa relação chamamos **concordância nominal**.

---

2. Leia e observe.

> O astronauta brasileiro fez exames e provas **complicados**.
> O astronauta brasileiro fez exames e provas **complicadas**.
> O astronauta brasileiro fez provas e exames **complicadas**.
> O astronauta brasileiro fez provas e exames **complicados**.

- O que você observa sobre a concordância do adjetivo com o substantivo a que se refere? Você supõe que todas as formas estão corretas?

Importante saber

Quando o **adjetivo se refere a dois ou mais substantivos de gêneros e números diferentes**, pode concordar com o substantivo mais próximo ou ir para o masculino plural, quer venha anteposto ou posposto ao verbo.

Quando há **um só substantivo e dois ou mais adjetivos** referindo-se a ele, temos duas possibilidades:

- usar o substantivo no plural sem repetição do artigo:

    O astronauta Marcos Pontes conquistou as **torcidas** brasileira e americana.

- repetir o artigo, usando o substantivo no singular:

    O astronauta Marcos Pontes conquistou a **torcida** brasileira e a americana.

Para conhecer outras regras especiais de concordância, consulte o Apêndice deste livro.

Aplicando conhecimentos

1 Complete as frases a seguir com a palavra entre parênteses, segundo as regras que regem a norma urbana de prestígio. Consulte o Apêndice se necessário.

a) As crianças recolheram brinquedos e roupas _____ (velho).

b) As crianças recolheram roupas e brinquedos _____ (velho).

c) Ele gosta de comer peixe e fruta _____ (maduro).

d) Por favor, ao sair, deixe a porta _____ (meio) aberta para que possam entrar brisa e som _____ (agradável).

e) As aulas terminam ao meio-dia e _____ (meio), e logo _____ (bastante) estudantes saem pelas ruas em algazarra.

f) Se meu pai me ajudar, logo terei uma loja de livros e revistas _____ (raro).

g) É _____ (proibido) a permanência de pessoas estranhas no recinto.

h) Às vezes, ela fica _____ (meio) agitada na presença de estranhos.

i) A menina comeu _____ (meio) melancia.

j) A carne e o queijo custam _____ (caro).

k) Você comprou revistas _____ (caro).

l) Não é _____ (permitido) crianças desacompanhadas nos brinquedos mais perigosos do parque.

m) Esse doce tem _____ (menos) calorias.

n) Estou com _____ (menos) energia hoje.

o) Vou falar _____ (menos).

p) Envio-lhe, _____ (anexo), declaração de bens solicitada.

q) Ela parecia _____ (meio) confusa ao dar aquelas explicações.

PRÁTICA DE LEITURA

Texto 2 – Entrevista

Leia a próxima entrevista. Temos certeza de que você vai gostar muito do que o astronauta brasileiro conta.

Marcos César Pontes, um brasileiro conquista o espaço

Gustavo Klein

Ele realizou o sonho de infância de muita gente: o paulista Marcos César Pontes, 43 anos, tenente-coronel da Força Aérea Brasileira, é o primeiro astronauta brasileiro. [...] Na entrevista a seguir, Pontes fala sobre sua trajetória, turismo espacial e até sobre procura de vida extraterrestre.

Você não vem de uma família rica e mesmo assim se tornou o primeiro astronauta vindo de um país do hemisfério sul. Como conseguiu direcionar sua formação a esse objetivo?

É, minha família era realmente humilde. Meu pai era servente do Instituto Brasileiro do Café e minha mãe, escriturária da Rede Ferroviária Nacional. Eu não teria condições financeiras de pagar uma boa escola. O que eu fiz? Entrei para o Senai, que considero um serviço fantástico, e por meio dele consegui um trabalho como aprendiz de eletricista. Com esse salariozinho que ganhava, pagava um curso de técnico em eletrônica, à noite.

E a vida de militar, surgiu como?

Em 1980 me inscrevi para os exames de seleção da Academia da Força Aérea (AFA). Não podia pagar o colégio e o curso preparatório e, para estudar, contei com a ajuda de muitos professores do colégio, que me emprestaram livros. Os exames foram difíceis, mas consegui passar em segundo lugar em todo o país. Entrei na AFA em 1981 e recebi meu brevê de piloto e a espada de oficial da Força Aérea em 1984. Aí então me tornei piloto de caça. Depois, em 1989, fui aprovado no processo seletivo do curso de Engenharia Aeronáutica do Instituto Tecnológico da Aeronáutica (ITA) e, em 1996, seguindo ainda a área acadêmica, me mudei com minha esposa e meu filho para Monterrey, na Califórnia, para fazer Mestrado em Sistemas de Engenharia. Foi preciso muita persistência, mas eu não acho que tenha nada de extraordinário, sou uma pessoa como qualquer outra. Acho que essa é a grande lição que posso passar para os jovens: acreditar e investir em si mesmo, sonhando e traçando um objetivo para o futuro.

Ser astronauta é um sonho de infância comum. É o seu caso?

Meu primeiro sonho era ser piloto da Força Aérea. Sou de Bauru e ia de bicicleta até um aeroporto próximo só pra ficar vendo os aviões decolando e pousando. Adorava também ver os aviões da Esquadrilha da Fumaça e a motivação foi essa, de ser piloto. [...]

Como você foi chamado para participar da seleção?

Absolutamente por acaso. E não fui chamado: na época eu ainda estava fazendo aquele mestrado em Monterrey, na Califórnia, e meu irmão me mandou, por e-mail, um recorte de jornal falando da seleção de astronautas aqui no Brasil. Todos aqueles sonhos inconscientes vieram à tona, confesso que já havia dado uma olhada na página da Nasa na internet para saber se tinha os requisitos para ser um astronauta.

E tinha?

Todos, menos um: ser americano. Quando esse requisito foi retirado, demorei uns trinta segundos para tomar a decisão (risos).

Quantos candidatos participaram da seleção?

Foram 40 de todo o Brasil, dos quais sobraram cinco, que foram fazer a última seleção, uma entrevista, lá na Nasa. Como disse no final da entre-

Estação Espacial Internacional onde Marcos Pontes cumpriu sua missão espacial.

173

vista de seleção... "Imagine como está se sentindo aquele garoto aprendiz de eletricista só pelo fato de estar participando dessa seleção!". O anúncio de minha escolha está entre os momentos de minha vida que sou capaz de descrever em todos os detalhes.

Qualquer pessoa pode se candidatar a astronauta?

Existem requisitos ligados à parte acadêmica, por exemplo. É preciso ter formação acadêmica em Exatas ou Biológicas: Medicina, Veterinária, Biologia, Engenharia, Matemática, Física, Química... [...]

Há um tempo máximo recomendado para permanência no espaço?

Os astronautas da antiga estação espacial soviética MIR chegaram a ficar mais de seis meses, mas isso não é recomendável. Quem passa algum tempo no espaço volta, invariavelmente, sofrendo de uma descalcificação severa, algo muito próximo da osteoporose, da qual se recupera a longo prazo. O problema mais grave é o da radiação. Se nosso trabalho fosse controlado pelos padrões tradicionais, de Ministérios do Trabalho etc., depois de uma missão espacial, o astronauta teria que se aposentar.

O que é mais importante em uma missão espacial?

O espírito de equipe verdadeiro é fundamental. Afinal, sua vida está nas mãos de todos os sete membros, em momentos diversos. Quando você está lá fora da nave, preso ao braço mecânico, sua vida depende do responsável por operá-lo, por exemplo. Uma boa equipe tem que ter motivação, valores comuns, para formar uma identidade, cada membro da equipe tem que ser confiável. A comunicação entre os elementos do time é fundamental.

E o que acontece se o cabo que lhe prende à nave se rompe ou solta?

A roupa que utilizamos tem, atrás, uma espécie de foguete à base de nitrogênio líquido. Se o cabo se rompe e o astronauta fica flutuando no espaço, ele precisa se virar na direção da nave e acionar esse foguete, que dará um empurrão na direção certa. Se a mira do cidadão estiver ruim e ele passar direto pela nave, ele deve aproveitar bem as oito horas que dura a bateria que sustenta a pressurização da roupa para ter uma visão única do espaço sideral, porque não vai mais voltar.

Quais são as perguntas mais comuns que lhe fazem?

Por incrível que pareça, todo mundo gosta de saber como é ir ao banheiro no espaço. E é realmente interessante, porque em uma situação de gravidade zero, você flutua, tudo flutua. Como fazer? É simples: primeiro, ganchos fixam o astronauta ao vaso sanitário. Que, por não ter água, funciona por sucção. Há um buraco e é preciso acertar bem ali dentro, caso contrário suja o vaso e você mesmo tem de limpar. E como acertar o buraco? Simples: há uma câmera dentro do vaso e uma tela na frente do astronauta, que controla tudo.

E quando se está em missão fora da nave?

Ah, aí a coisa funciona da forma mais básica possível: fraldas. Aliás, a roupa utilizada pelos astronautas é bem complexa, tem até sistema de refrigeração por meio de água gelada, aquecedores elétricos, bote, luzes, comida desidratada, é pressurizada e custa a bagatela, cada uma, de US$ 20 milhões.

O senhor tem conhecimento de pesquisas da Nasa envolvendo extraterrestres?

Não sei. Se existem, não tenho conhecimento, mas tenho consciência de que respondendo assim eu dou margem a dúvidas como "ele está escondendo alguma coisa". Não existe, na Nasa, nenhum treinamento específico sobre o que fazer no caso de toparmos com um extraterrestre no espaço. O que posso dizer é que, entre os pilares da Nasa, estão a exploração de novos mundos, descobrimentos científicos e a procura de vida extraterrestre. Está em um documento oficial da Nasa e, portanto, é um objetivo efetivo da agência. [...]

Disponível em: <http://www.velhosamigos.com.br/Reportart/reportart33.html>.
Acesso em: 25 fev. 2012.

Por dentro do texto

1. O texto lido é uma entrevista. De que modo ela se estrutura, ou seja, como é organizada?

2. O entrevistado é o astronauta Marcos César Pontes. Por qual meio de comunicação ele foi entrevistado?

3. O conteúdo das perguntas de uma entrevista, decidido previamente pelo jornalista, busca atingir determinado público leitor. Entre as questões feitas:

   a) Qual você considerou mais útil para tomar conhecimento sobre o processo seletivo para ser astronauta?

   b) Qual delas permitiu ao entrevistado dar uma resposta que pode ser considerada uma curiosidade?

   c) Qual delas permitiu uma resposta que provocaria o riso do leitor?

175

4 Antes das perguntas e respostas que compõem a maior parte do texto, há uma breve introdução. Assinale as alternativas que correspondem a essa introdução.

☐ A introdução é longa e equivale à extensão da entrevista.

☐ A introdução é breve.

☐ A introdução apresenta uma longa biografia do entrevistado.

☐ A introdução apresenta uma biografia do entrevistador (o jornalista).

☐ A introdução apresenta alguns dados biográficos do astronauta entrevistado e antecipa os assuntos principais sobre o qual ele falará na entrevista.

5 Na entrevista, Marcos Pontes confessa que ser astronauta era um sonho antigo. No entanto, essa profissão, como qualquer outra, não possui apenas aspectos agradáveis, positivos. Copie um exemplo que comprova essa afirmação.

_____
_____
_____
_____

REFLEXÃO SOBRE O USO DA LÍNGUA

Regência nominal

1 Leia a seguir dois trechos da fala de Marcos Pontes.

> "Quem passa algum tempo no espaço volta, invariavelmente, sofrendo de uma descalcificação severa, algo muito **próximo** da osteoporose."
>
> "Eu não tinha **condições** de pagar uma boa escola."

No capítulo anterior, você viu que existem verbos que precisam de complemento. Isso também pode ocorrer com os substantivos e adjetivos.

a) Copie as expressões que completam:

• o adjetivo **próximo**: _____

• o substantivo **condições**: _____

b) Circule no trecho as preposições que ligam o adjetivo e o substantivo em destaque aos seus complementos.

2 Releia o trecho abaixo, observando as palavras em destaque.

> "Quando você está lá fora da nave, preso ao braço mecânico, sua vida depende do **responsável** por operá-lo, por exemplo. Uma boa equipe tem que ter **motivação**, valores comuns; para formar uma identidade, cada membro da equipe tem que ser confiável."

- Uma das duas palavras em destaque precisa de outros termos para completar o seu sentido. Identifique a palavra, o termo que a complementa e a preposição que o forma.

Importante saber

Quando um nome necessita de um complemento, ele é chamado de regente e a palavra ou expressão que completa o seu sentido recebe o nome de regido. Quando o termo regente é um nome, ocorre o que os estudos gramaticais chamam de **regência nominal**. Portanto, regência nominal é a relação de um nome com seus complementos.

Aplicando conhecimentos

1 Complete os textos a seguir com a preposição adequada. Para isso, observe com atenção a regência dos nomes.

> O Dia Mundial do Trabalho foi criado em 1889 por um Congresso Socialista realizado _____ Paris. A data foi escolhida em homenagem _____ greve geral, que aconteceu em 1º de maio de 1886, em Chicago, o principal centro industrial dos Estados Unidos naquela época. Milhares de trabalhadores foram às ruas para protestar contra as condições de trabalho desumanas a que eram submetidos e exigir a redução _____ jornada de trabalho de 13 para 8 horas diárias. Naquele dia, manifestações, passeatas, piquetes e discursos movimentaram a cidade. Mas a repressão _____ movimento foi dura: houve prisões, feridos e até mesmo mortos nos confrontos _____ os operários e a polícia.

> "Faço Letras e acho imprescindível a valorização _____ profissão que para mim é a mais linda de todas as outras e que requer muito empenho e estudo."
>
> Comentário enviado em 20/07/2011, pela leitora Aparecida, à revista *Carta Capital* de 24 abr. 2011. Disponível em <http://www.cartacapital.com.br/carta-na-escola/quem-quer-ser-professor/>. Acesso em: 13 mar. 2012.

> "Quanto mais leio informações como essas desse texto, mais olho para os professores com admiração _____ coragem _____ seguir em frente. Mal ou bem, são eles que contribuem para o conhecimento _____ povo."
>
> Comentário enviado em 03/03/2012, pelo leitor Marcos, à revista *Carta Capital* de 24 abr. 2011. Disponível em <http://www.cartacapital.com.br/carta-na-escola/quem-quer-ser-professor/>. Acesso em: 13 mar. 2012.

2 Na regência de alguns nomes, há substantivos e adjetivos que admitem mais de uma preposição. Forme frases com os substantivos e adjetivos a seguir usando as preposições em destaque na regência nominal.

a) amor **a**: _____

   amor **por**: _____

b) respeito **a**: _____

   respeito **por**: _____

c) incapaz **de**: _____

   incapaz **para**: _____

d) constituído **de**: _____

   constituído **por**: _____

e) simpatia para **com**: _____

   simpatia **por**: _____

f) horror **a**: _____

   horror **de**: _____

PRÁTICA DE LEITURA

Texto 3 – Entrevista

ENTREVISTA Antônio Amorim, economista, pós-graduado em administração financeira e psicologia organizacional

"A ESCOLHA DA PROFISSÃO CERTA SIGNIFICA RECOMPENSA EM TODOS OS NÍVEIS"

THIAGO GUIMARAES

Um dos principais momentos na formação de um profissional *é* a definição da carreira que irá seguir. No Brasil, os jovens são cobrados cada vez mais cedo pela escolha de uma profissão, um momento decisivo e que merece uma atenção especial do estudante e da família, para evitar atrasos e frustrações com a formação. Com experiência profissional de 20 anos em recursos humanos e mais 10 anos no campo de desenvolvimento humano e organizacional, o economista Antônio Amorim concedeu entrevista à reportagem de A TARDE e apresentou quais os principais cuidados na hora de escolher a carreira profissional, desde a busca pelo autoconhecimento e papel da família no processo, até a definição de um novo ramo de atuação profissional com o auxílio de profissionais de *coaching* e a busca por cursos de aperfeiçoamento.

Qual ponto primordial deve ser observado na escolha de uma carreira profissional?

Infelizmente nossos jovens não têm suporte onde deveriam ter, que é nas escolas. A meu ver, esse é o momento para desenvolver questionamentos sobre com qual área esse jovem se identifica, onde está o seu talento e o que ele realmente gosta de fazer. Isso, na verdade, é um estímulo ao processo de autoconhecimento.

Então sem o autoconhecimento inicial tudo poderia ir por água abaixo?

Exatamente. Um estudo feito recentemente mostra que mais de 70% das pessoas acabam mudando de carreira depois que se encontram na atividade profissional. Isso acontece porque essas pessoas não sabem os motivos que lhe levaram a fazer aquilo. É comum encontrar profissionais que acabam fazendo um curso de direito ou economia, por exemplo, simplesmente porque o pai tem um escritório. Na maioria das vezes, ele faz o curso porque aquela profissão deu dinheiro para o pai e ele imagina que pode dar dinheiro para ele. Mas ele será feliz fazendo aquilo? A missão dele é aquela? Esses pontos devem ser observados.

E como identificar que a carreira escolhida é mesmo a missão dele profissionalmente?

Existem alguns processos de busca, como por exemplo, o *coaching*. Outras ferramentas interessantes são a busca por palestras, leitura da bibliografia voltada para a área escolhida e *feedback* de profissionais que já estão na área. Até o próprio corpo pode servir de termômetro, quando você está feliz com o que está fazendo o organismo sinaliza, o tempo no trabalho passa rápido. É como aquela máxima, "goste do que faz, para não precisar trabalhar".

A pretensão salarial deve ser um critério para a escolha da carreira?

Sim, mas penso que o profissional não pode colocar a remuneração à frente de tudo, nem muito menos esquecê-la. Em última análise, a necessidade financeira está no patamar básico da

> **O profissional não pode colocar a remuneração à frente de tudo, nem muito menos esquecê-la**

relação profissional e por isso tem que haver um balanceamento entre os dois olhares. Quando ele está na profissão certa, isso significa recompensa em todos os níveis, desde qualidade de vida até o retorno financeiro.

O que os pais podem fazer para ajudar nessa hora?

Eu vejo muito o papel dos pais nessa hora, como o de um treinador. Eles não devem querer que os filhos façam isso ou aquilo, mas sim ajudá-los a descibrir o que é que eles fazem bem. Fazer perguntas é melhor do que dar respostas. Essa é a maior ajuda que se pode dar aos jovens. Quantas vezes vemos entrevistas de atores famosos contando que seus pais não aprovavam as suas carreiras, mas hoje vão para o teatro aplaudi-los. Por esses preconceitos, às vezes, podamos nossos filhos.

Quais os principais deslizes que ocasionam uma má escolha?

O principal é não saber responder à questão "quem eu sou?". Outros são escolher uma carreira porque alguém fez e deu certo; colocar o retorno financeiro antes da entrega – o lucro deve ser um subproduto de algo bem feito; um último ponto é a pressa por resultados, que acaba levando a decisões erradas.

Jornal *A Tarde*, 7 de nov. 2011

Por dentro do texto

1 Qual é o principal assunto da entrevista?

2 Quem é o entrevistado?

3 Em que veículo de comunicação o texto foi publicado?

4 Por que, provavelmente, o jornal escolheu essa pessoa para dar essa entrevista?

5 É possível identificar o entrevistador?

6 Pelo assunto abordado, que público a entrevista pretende atingir?
___

7 Considerando o assunto e o público-alvo, qual é o objetivo dessa entrevista?
___

Texto e construção

1 O nível de linguagem empregado no texto publicado na revista é formal ou informal?
___

2 Há, antes do início da entrevista, um texto introdutório, denominado abertura. Releia-o e responda: qual é a finalidade desse texto?
___

3 Observe a estrutura do texto. Como ele está organizado?
___

4 Você acredita que as perguntas foram previamente preparadas? Justifique.
___

5 Há situações em que o entrevistado é avisado previamente sobre o assunto da entrevista. No entanto, ainda que ele se prepare para esse momento, em uma entrevista oral, em geral, as respostas são dadas diante do entrevistador. Responda:

a) Ao ouvir as respostas ou gravá-las, o entrevistador pode observar marcas de oralidade na fala do entrevistado?
___

b) No momento de transcrever as respostas para publicá-las, há a opção de apagar ou não as marcas de oralidade da entrevista. Essas marcas aparecem na entrevista lida?
___

181

> **Importante saber**
> **Editar** significa, neste caso, transformar o conteúdo da conversa em texto escrito, selecionar o que é mais importante, adequando-o ao veículo (jornal, revista etc.) e ao espaço disponível (página, formato etc.).

6 Sobre o título dado à entrevista, responda:

a) Qual a opção feita pelo jornal ao dar o título dessa entrevista? Por que você acha que isso aconteceu?

_____

_____

b) Que palavra dá um tom positivo ao assunto que será tratado?

_____

> **Importante saber**
> A entrevista é um texto jornalístico que pode ter por objetivo coletar informações, apresentar opiniões e experiências de pessoas conhecidas do público ou de alguma relevância em determinada área do conhecimento.
>
> Em seguida ao título da entrevista, é comum haver a abertura, um texto introdutório que a contextualiza, dando informações sobre a pessoa que será entrevistada e/ou sobre o assunto que será abordado. Quando o entrevistado é uma figura pública, geralmente, se contextualiza a situação em que ocorreu a entrevista.
>
> Apresenta-se, então, o texto principal, comumente em forma de perguntas e respostas, com a identificação de quem fala (entrevistado/entrevistador). Em geral, uma entrevista é realizada em linguagem formal, mas isso pode variar dependendo da pessoa entrevistada, do tópico abordado, do veículo onde será publicada e do público-alvo.
>
> Vale observar que, geralmente, as entrevistas são editadas. É comum haver uma seleção e apenas parte do material colhido ser publicada. Podem-se ou não eliminar marcas de oralidade, como hesitações, pausas, etc.
>
> Em algumas entrevistas, aparecem comentários editoriais que propiciam ao leitor a percepção do clima da entrevista. Tudo isso depende do estilo da revista onde a entrevista será publicada.

REFLEXÃO SOBRE O USO DA LÍNGUA

Orações subordinadas adjetivas

1 Releia o trecho a seguir com atenção.

> "A escolha da profissão deve ser o resultado de um processo **que envolve a investigação** [...]"

a) A oração destacada relaciona-se com a oração anterior por meio do conectivo **que**, um pronome relativo. Esse conectivo substitui um termo já expresso anteriormente. Qual seria ele?

_____

_____

b) Reescreva o trecho dado, substituindo a oração destacada por um adjetivo.

_____

_____

> **Importante saber**
> Quando uma oração subordinada exerce a função sintática que poderia ser exercida por um adjetivo, damos a ela o nome de **oração subordinada adjetiva**.

2 Transforme os períodos simples abaixo em períodos compostos por subordinação, substituindo as expressões destacadas por orações subordinadas adjetivas.

a) Os jovens **trabalhadores** têm menos chances de ingressar em universidades públicas.

_____

_____

b) Muitos profissionais, **frustrados**, optam por realizar outros tipos de trabalhos.

_____

_____

_____

3 Observe as diferenças entre as orações adjetivas que você formou na questão anterior.

a) Qual é o sentido da oração do item b: ela dá uma explicação, amplia as informações sobre o termo antecedente ou restringe o seu significado? Justifique.

_____

_____

_____

b) O que podemos concluir em relação à oração do item a: ela amplia ou delimita, restringe o sentido do substantivo a que se refere? Justifique.

_____

_____

_____

> **Importante saber**
> De acordo com sua função, as orações subordinadas adjetivas são classificadas do seguinte modo.
>
> - **Restritiva** – delimita, restringe ou particulariza o sentido do nome (substantivo ou pronome) que a antecede.
>
> Se priorizamos o interesse em detrimento das habilidades, / teremos um profissional / **que deverá despender um constante esforço**.
> ↓
> oração subordinada adjetiva restritiva
>
> As orações subordinadas adjetivas restritivas não se separam da oração principal. Portanto, não usamos vírgula para pontuar essas orações.
>
> Os clientes **que dependem do banco** devem ser atendidos primeiro.
>
> - **Explicativa** – realça um detalhe ou amplia dados sobre o termo que a antecede.
>
> O jovem bem orientado, / **que conhece suas aptidões**, / faz uma escolha consciente.
> ↓
> oração subordinada adjetiva explicativa
>
> As orações subordinadas adjetivas explicativas vêm obrigatoriamente separadas da oração principal por meio de **vírgulas**.
>
> O gerente**,** **que gosta de estacionar o carro na rua,** provavelmente terá problemas.
>
> As orações subordinadas **adjetivas são introduzidas pelos pronomes relativos que**, **quem**, **onde**, **o qual**, **a qual**, **os quais**, **as quais**, **cujo**, **cuja**, **cujos** e **cujas**.
>
> As orações subordinadas adjetivas também podem aparecer como **orações reduzidas**. Nesse caso, apresentarão o verbo no infinitivo, gerúndio ou particípio. Observe.
>
> Encontrei as moças **a comentar o futuro**.
>
> Observei o rapaz **solicitando auxílio profissional**.
>
> Você conhece os cursos **dados pela psicóloga**?

Aplicando conhecimentos

1 Complete as frases a seguir com orações subordinadas adjetivas.

a) Os alunos esperam alguém _____.

b) Precisamos de profissionais _____.

c) Os alunos desistiram do curso _____.

d) A psicóloga, _____, sente-se preocupada com a situação.

e) As revistas, _____, foram expostas sem o destaque merecido.

f) O sítio de Minas Gerais, _____, recebeu muitas pessoas no sábado.

g) Resolveu contratar bailarinas _____.

h) Levou consigo somente os jogo _____.

i) Ela soube do menino _____.

j) O *site* _____ não se responsabilizou pelo defeito do produto.

2 Releia as orações que você criou no exercício anterior e anote a classificação de cada uma.

a) _____   f) _____

b) _____   g) _____

c) _____   h) _____

d) _____   i) _____

e) _____   j) _____

3 Leia a história em quadrinhos a seguir.

Folha de S.Paulo, 19 jun. 2005.

a) Que intenção tinha Hägar ao reunir esses homens?

_____

_____

_____

185

b) Que tipo de profissionais ele busca?

c) O que você acha que o autor quis dizer com a última fala dos quadrinhos?

d) O que provoca humor nessa história em quadrinhos?

e) Volte ao item b desta questão e responda: Você utilizou adjetivos ou orações adjetivas para responder à pergunta?

f) Caso tenha formado orações subordinadas adjetivas em sua resposta, identifique o tipo dessas orações: restritivas ou explicativas? Por quê?

g) Na frase "Quero homens capazes de fazer sacrifícios!", identifique um adjetivo.

h) Dando continuidade à sua fala, Hägar pronuncia: "Que estejam habituados a privações! Que cumpram ordens...".

- O que predomina nos quadrinhos: orações subordinadas adjetivas restritivas ou explicativas? Por quê?

PRODUÇÃO DE TEXTO

Você sabe o que é um *curriculum vitae*? É uma expressão do latim (uma língua que não é mais falada atualmente) que denomina um gênero textual cujo objetivo é apresentar resumidamente a história profissional de um indivíduo. Caracteriza-se por apresentar uma linguagem objetiva, direta, enxuta.

O desafio que lançamos aqui vai exigir que você utilize toda a sua criatividade. Sua tarefa é produzir um *curriculum vitae* utilizando a linguagem conotativa, subjetiva, contrária, portanto, à linguagem característica desse gênero. Empregue nele, portanto, uma linguagem metafórica, poética. Capriche, pois os textos serão publicados em um varal literário.

O objetivo desse texto é fazer com que os leitores conheçam você por meio de expressões que revelem pensamentos, sentimentos, emoções, valores que regem a sua vida. Fuja do "lugar-comum", ou seja, crie um currículo diferente do que se conhece.

PLANEJE SEU TEXTO

Responda a cada um dos itens do quadro como modo de planejamento. Amplie o número de itens, se precisar. Verifique se cumpriu o planejado na hora de avaliar o texto.

PARA ESCREVER O *CURRICULUM*	
1. Qual é o público leitor do texto?	
2. Que linguagem vou empregar?	
3. Qual é a estrutura que o texto vai ter?	
4. Onde o texto vai circular?	

ORIENTAÇÕES PARA A PRODUÇÃO

Pense nas seguintes questões:

- Quem é você hoje?
- Quais são as suas habilidades e talentos?
- Quais são as áreas de conhecimento que você mais domina?
- Quais experiências da sua vida gostaria de destacar?
- Quais foram as suas realizações mais significativas?
- Quais são as pessoas mais importantes de sua vida?
- Destaque outras características que considera importantes.

Sugestão para iniciar o texto

Eu sou Maria. Ser Maria é...

O texto desta crônica escrita por um escritor goiano pode lhe servir como exemplo.

> Ser goiano é saber cantar música caipira e conversar com Beethoven, Chopin, Tchaikovsky e Carlos Gomes. É acreditar no sertão como um ser tão próximo, tão dentro da alma. É carregar um eterno monjolo no coração e ouvir um berrante tocando longe, bem perto do sentimento.
>
> Ser goiano é possuir um roçado e sentir-se um plantador de soja, tal o amor à terra que lhe acaricia os pés. É dar tapinha nas costas do amigo, mesmo quando esse amigo já lhe passou uma rasteira.
>
> José Mendonça Teles. *Crônica de Goiânia*. Goiânia: Kelps, 1998.

1. Antes de dar início ao texto, reveja o quadro de planejamento.

2. A linguagem empregada deve revelar ao leitor aspectos do "eu" que fala no texto. Assim, escreva o *curriculum* em primeira pessoa, compondo um texto que expresse essa subjetividade.

3. Evite produzir um texto longo demais, pois o deslocamento da linguagem e da finalidade do texto não anula a proposta de que se mantenha a estrutura do gênero *curriculum vitae*.

4. Ao empregar sinais de pontuação, lembre-se de que eles podem ser um elemento que também contribui para dar sentido ao texto.

5. Antes da revisão, faça uma leitura do texto e veja se de fato você transmitiu ao leitor as suas características mais marcantes.

AVALIAÇÃO E REESCRITA

1. Seu texto foi escrito em primeira pessoa? Expressa subjetividade?

2. A linguagem empregada no texto revela ao leitor aspectos do "eu" que fala no texto?

3. As palavras que usei construíram de fato o sentido que eu desejei transmitir?

4. O texto foi revisado quanto à ortografia, acentuação, pontuação?

5. Depois da revisão, solicite ao professor orientações para passá-lo a limpo em folha adequada para compor o varal.

Apêndice

I. Acentuação gráfica

Acentuam-se

1. Monossílabos: tônicos terminados em:

a(s): já, vá, lá, pás, más

e(s): dê, fé, lê, vês, és

o(s): dó, nó, pó, nós, vós

2. Oxítonas: terminadas em:

a(s): está, Paraná, Ceará, guaranás, sofás

e(s): até, José, dendê, cafés, vocês,

o(s): cipó, jiló, Maceió, compôs, após

em(ns): alguém, porém, ninguém, vinténs, parabéns

3. Paroxítonas: terminadas em:

l: ágil, amável, cônsul, sensível, fácil

n: próton, elétron, Nélson, Gérson, hífen

r: hambúrguer, repórter, mártir, caráter, cadáver

x: ônix, tórax, Félix, fênix, látex

i(s): júri, lápis, táxi, tênis

us: vírus, Vênus, bônus

um(ns): álbum, médium

ã(s)/ão(s): órfã, ímãs, órgão, órfãos

ditongo crescente: várias, colégio, água, sério, mágoa

ps: bíceps, tríceps, fórceps

4. Proparoxítonas: todas são acentuadas: épocas, única, Matemática, Química, pêssegos, príncipes, esplêndido, técnico.

> **Observação 1**
>
> Não se acentuam os ditongos abertos **ei** e **oi** das palavras paroxítonas.
>
> Exemplos: alcateia, claraboia, apoio, colmeia, Troia, Coreia, ideia etc.
>
> **Observação 2**
>
> Não se acentuam as palavras paroxítonas cujas vogais tônicas **i** e **u** são precedidas de ditongo.
>
> Exemplos: baiuca, boiuno, feiura, saiinha (de saia) etc.

Outros casos de acentuação

Verbo ter e vir

singular	plural
ele tem	eles têm
ele vem	eles vêm

Derivados dos verbos ter e vir

singular	plural
ele contém	eles contêm
ele mantém	eles mantêm
ele obtém	eles obtêm
ele detém	eles detêm
ele retém	eles retêm
ele intervém	eles intervêm
ele sobrevém	eles sobrevêm
ele advém	eles advêm

Palavras com ee e oo(s)

Não são acentuadas as formas verbais creem, deem, leem, veem e seus derivados: descreem, desdeem, releem, reveem.

Não é acentuado o penúltimo **o** do hiato **oo(s)** (voo, enjoo, zoo).

Ditongos abertos em palavras oxítonas: éi, éu, ói, seguidos ou não de **s**.

éi(s): pastéis, anéis, pincéis, Rafaéis, papéis

éu(s): chapéus, céu, véus, fogaréu

ói(s): constrói, herói, lençóis

Hiato

i(s): traída (tra-í-da), faísca (fa-ís-ca), raízes (ra-í-zes)

u(s): miúdo (mi-ú-do), ciúme (ci-ú-me), viúva (vi-ú-va)

> **Observação**
>
> As vogais **i/u** apenas receberão acento se estiverem sozinhas na sílaba ou **seguidas de s**.
>
> Exceção: nh → rainha (ra-i-nha), moinho (mo-i-nho).

Grupo gue, gui, que, qui

Segundo o Novo Acordo Ortográfico, não se usa mais o acento agudo quando o **u** for tônico.

Exemplo: averigue, argui, apazigue, oblique.

Acento diferencial

pôr (verbo) / por (preposição)

pôde (passado) / pode (presente)

> **Observação**
> É facultativo o uso do acento circunflexo para diferenciar **fôrma** e **forma**. Exemplo: Qual é a **forma** da sua **fôrma** de bolo?

Acento muda o sentido

as / ás	mas / más
baba / babá	pais / país
bebe / bebê	para / pará
cai / caí	pode / pôde
camelo / camelô	por / pôr
coco / cocô	publico / público
de / dê	revolver / revólver
esta / está	sai / saí
exercito / exército	saia / saía
maio / maiô	secretaria / secretária

Emprego da crase

Crase é a contração da preposição **a** com o artigo feminino **a(as)**.

Indicamos a crase com o acento grave: **à**, **às**.

Exemplo: Fui **a** (preposição) + **a** (artigo) secretaria.

Fui **à** secretaria.

Usa-se a crase

- Só usamos crase diante de palavras femininas que admitem artigo (**a/as**) e dos demonstrativos aquele(s), aquela(s), aquilo, se o termo que os anteceder admitir a preposição **a**.

Exemplos: As moças dirigiram-se **a** (preposição) + aquele barco.

As moças dirigiram-se **à**quele barco.

Não se usa crase

- Antes de palavras masculinas, verbos e pronomes em geral (exceção: senhor, senhora e senhorita).

Exemplos: Não vá **a** pé para a escola.

Começou **a** chover novamente.

Referi-me **a** ela e não **a** você.

> **Observação**
>
> Quando há crase antes de nome masculino é porque há uma palavra feminina subentendida: à **moda**.
>
> Exemplo: gol **à** Pelé (à moda Pelé), decoração **à** Luís XV (à moda Luís XV).

- Diante da palavra casa no sentido de lar ou moradia.

Exemplo: Chegamos cedo **a** casa.

> **Observação**
>
> Quando casa for especificada, há crase.
>
> Exemplo: Chegamos cedo **à** casa **de seus pais**.

- Diante de nomes próprios que não admitem o artigo **a**.

Exemplo: Iremos **a** Brasília em novembro.

- Diante de palavras repetidas.

Exemplo: Ficaram cara **a** cara.

- Na locução **a distância**, quando a noção da distância não for definida.

Exemplo: Fiz o curso **a** distância.

> **Observação**
>
> Usa-se a crase quando a distância estiver definida.
>
> Exemplo: Mantenha o carro à distância de 50 metros.

Casos facultativos

- Com os pronomes possessivos femininos.

Exemplo: Não irei **à (a)** sua casa neste final de semana.

- Com a preposição até.

Exemplo: Fui até **à (a)** escola.

- Antes de nome de mulher.

Exemplo: Fez uma referência **à (a)** Paula.

II. Pontuação

Ponto-final (.)

- Empregado para encerrar o período e nas abreviaturas.

Você é um grande amigo**.**

V.Sª. (Vossa Senhoria), p**.** (página), av**.** (avenida)

Ponto e vírgula (;)

- Para separar orações de um período longo, em que já existem vírgulas.

Os organizadores do evento, munidos da identificação, entrarão pelo portão A; os menores, acompanhados dos pais, entrarão pelo portão B; o público, pelo C, e as autoridades por qualquer deles.

- Para separar os itens de enunciados, leis, decretos, considerandos, regulamentos.

Por este regulamento, é dever da diretoria:

a) zelar pelo bom nome da entidade;

b) promover, principalmente por campanhas e festas, a ampliação do quadro de sócios;

c) convocar periodicamente os encarregados de cada setor para reuniões.

Dois-pontos (:)

- Em enumerações, nas exemplificações, antes de citação da fala ou de declaração de outra pessoa, antes das orações apositivas.

Tinha tudo: amor, amigos, casa, dinheiro, emprego.

Virou-se repentinamente e disse-lhe:

– Quer sair comigo?

Desejo-lhe apenas isto: que seja feliz.

Vírgula (,)

- Para separar elementos de uma enumeração.

Vendeu tudo que tinha: casa, carro, joias, ações.

- Para separar vocativos e apostos.

Pessoal, atenção!

Paulo, o engenheiro, viajou.

- Para separar orações intercaladas.

A felicidade, dizia um amigo meu, é uma conquista de cada um.

- Para separar adjuntos adverbiais no início ou meio da frase.

Carinhosamente, o filho abraçou os pais.

Carlos, amanhã, fará uma prova difícil.

- Para indicar elipse do verbo, isto é, supressão de um verbo subentendido.

Adoro teatro; Alberto, cinema.

- Para separar expressões explicativas.

Gastaram tudo o que tinham, ou melhor, quase tudo.

- Nas datas, separando o nome do lugar.

São Paulo, 10 de fevereiro de 2006.

Ponto de interrogação (?)

- Indica pergunta direta. Se associado ao ponto de exclamação, indica uma pergunta admirada.

Quando você viaja?

Essa casa velha custa mais de cem mil reais?!

Ponto de exclamação (!)

- Indica surpresa, espanto, admiração, dó, ordem.

Quanta gente!

Oh! Que pena que não irá conosco!

Desça daí!

Reticências (...)

- Indicam interrupção do pensamento, dúvida.

Que dia você nasceu? Deixe-me ver... é dia cinco... não... sete de março.

Eu... gostaria de... lhe... pedir... um... favor...

Parênteses ( )

- Intercalar palavras e expressões de explicação ou comentário.

Escreveu muitos artigos (mais de cem) para uma revista científica.

Travessão (–)

- Mudança de interlocutor nos diálogos, para isolar palavras ou frases e para destacar uma parte de um enunciado.

Essas cestas básicas são para os assistidos na campanha – explicou.

Foi uma grande liquidação – disse a sogra.

– Quem telefonou para mim, mãe?

– Até agora, ninguém.

Observação

O travessão pode, às vezes, substituir a vírgula ou os parênteses.

Muitos livros da biblioteca – inclusive uma enciclopédia – não foram devolvidos.

Aspas (" ")

- Destacam palavras ou expressões, palavras estrangeiras ou gírias, artigos de jornais ou revistas, títulos de poemas.

Você já leu o poema "Soneto da fidelidade", de Vinicius de Moraes?

Assistiremos ao "show" dos Titãs.

O filme foi "o maior barato".

- Antes e depois de citação de frases de outros.

O bom livro, já dizia o padre Vieira, **"é um mudo que fala, é um cego que guia"**.

III. Palavras que merecem atenção

Parônimos

Arrear: pôr arreios	**Arriar:** abaixar
Assoar: limpar o nariz	**Assuar:** vaiar
Bem-vindo: bem recebido ao chegar	**Benvindo:** nome de pessoa
Amoral: indiferente à moral	**Imoral:** contra a moral / libertino
Cavaleiro: homem que anda a cavalo	**Cavalheiro:** homem educado, gentil
Comprimento: extensão	**Cumprimento:** ato de cumprir, saudação
Descargo: alívio	**Desencargo:** desobrigação de um cargo
Descrição: ato de descrever, expor	**Discrição:** reserva
Despensa: lugar de guardar alimentos	**Dispensa:** licença, liberação
Discente: aluno	**Docente:** professor
Emergir: vir à tona	**Imergir:** afundar, mergulhar
Estada: permanência de pessoa	**Estadia:** permanência de veículo
Flagrante: evidente, incontestável	**Fragrante:** perfumado
Fusível: dispositivo de instalação elétrica	**Fuzil:** arma de fogo
Peão: trabalhador do campo	**Pião:** brinquedo
Ratificar: confirmar	**Retificar:** corrigir
Soar: emitir som	**Suar:** transpirar
Sortir: variar	**Surtir:** resultar
Tráfego: movimento, trânsito	**Tráfico:** comércio lícito ou não, negociação

Formas variantes

aluguel / aluguer
assoalho / soalho
assobiar / assoviar
cãibra / câimbra
catorze / quatorze
catucar / cutucar

chipanzé / chimpanzé
cociente / quociente
enfarte / infarto
enumerar / numerar
flauta / frauta
flecha / frecha

loiro / louro
maquiagem / maquilagem
piaçava / piaçaba
vassoura / bassoura

IV. Palavras ou expressões que despertam dúvida

a par = ter conhecimento **ao par** = relativo ao câmbio	Ficamos a par da situação somente hoje. Dólar e real ficaram ao par durante algum tempo
há cerca de = tempo aproximado **acerca de** = a respeito de	Há cerca de quatro anos visitamos Ouro Preto. Falávamos acerca de política.
afim/afins = em comum / semelhante **a fim de** = finalidade	Faremos o trabalho juntos porque possuímos objetivos afins. Inscreveram-se a fim de participarem do campeonato.
demais = excessivamente **de mais** = oposição a de menos	Vocês falam demais. Não fez nada de mais.
senão = "mas" ou "mas sim" **se não** = condição / caso não	Não fazia outra coisa senão dormir. Não chegará a tempo se não tomar o ônibus das 8h.
à medida que = à proporção que **na medida em que** = porque	Os organizadores desanimaram à medida que não foram apoiados. Ficaram animados com a pesquisa na medida em que viram os bons resultados.
ao invés de = ao contrário de **em vez de** = no lugar de	Ao invés de sol, só encontramos chuva. Em vez de sair logo dali, ficou conversando com o seu amigo.
dia a dia = cotidiano (substantivo); cotidianamente (advérbio)	O nosso dia a dia é muito corrido. Preciso estudar dia a dia para ir bem na escola.
para mim ou **para eu**? **para mim** – quando a preposição se prende ao pronome oblíquo (mim). **para eu** – quando a preposição rege o verbo que vem depois de "eu" (= sujeito da oração).	Este livro é para mim. Este livro é para eu dar de presente. Este livro, para mim, tem um grande valor. Este livro tem um grande valor para mim. Para mim, este livro tem um grande valor.

V. O hífen

Nos compostos

1. Emprega-se o hífen nos compostos sem elemento de ligação quando o primeiro termo, por extenso ou reduzido, estiver representado por forma substantiva, adjetiva, numeral ou verbal.

primeiro-ministro	*és-sueste*	*ano-luz*
arcebispo-bispo	*joão-ninguém*	*vaga-lume*
decreto-lei	*tenente-coronel*	*porta-aviões*
mesa-redonda	*boa-fé*	*porta-retrato*
luso-africano	*afro-brasileiro*	

> **Observação**
>
> Alguns compostos perderam, em certa medida, a noção de composição, por isso, passaram a ser escritos aglutinadamente: *paraquedas, paraquedistas* (*paraquedismo, paraquedístico*), *girassol, madressilva, pontapé, mandachuva*.

2. Usa-se hífen nos elementos repetidos, com ou sem alternância vocálica ou consonântica, como em: *lenga-lenga, zás-trás, blá-blá-blá, reco-reco, zum-zum, zigue-zague, pingue-pongue, tico-tico, trouxe-mouxe*.

> **Observação**
>
> Escrevem-se com hífen os compostos que levam o apóstrofo: *olho-d'água, mestre-d'armas, mãe-d'água*.

3. Receberão o hífen os compostos sem elemento de ligação quando o primeiro elemento for **além**, **aquém**, **recém**, **bem** e **sem**.

recém-casado	*bem-estar*
além-Atlântico	*sem-vergonha*
recém-eleito	*bem-humorado*
além-mar / aquém-mar	*bem-ditoso*
bem-criado	*sem-cerimônia*
bem-aventurado	*sem-número*

> **Observação**
>
> Vários compostos apresentam o advérbio **bem** aglutinado ao segundo elemento, quer este tenha ou não vida à parte: *benfazejo, benfeito, benfeitor, benquerença* (e derivados: *benfeitoria, benfazer, benquerer, benquisto, benquistar*).

4. Emprega-se o hífen nos compostos sem elemento de ligação quando o primeiro elemento for representado pela forma **mal** e o segundo elemento começar por **vogal**, **h** ou **l**.

mal-limpo *mal-humorado*
mal-afortunado *mal-informado*
mal-estar *mal-obstruído*

> **Observação**
>
> Quando **mal** se aplicar a doença, grafa-se com hífen: *mal-francês* (= sífilis), *mal-formação*.

5. O hífen é empregado em nomes geográficos compostos pelas formas **grão**, **grã**, ou por forma verbal, ou ainda naqueles ligados por artigo.

Trás-os-Montes *Baía de Todos-os-Santos*
Abre-Campo *Grão-Pará*
Grã-Bretanha

> **Observação 1**
>
> Outros nomes geográficos compostos serão escritos separadamente, sem o hífen: *Cabo Verde, América do Sul, Belo Horizonte, Castelo Branco, Freixo de Espada à Cinta* etc. O topônimo *Guiné-Bissau* é uma exceção consagrada pelo uso.
>
> **Observação 2**
>
> Levam hífen os gentílicos derivados de topônimos compostos grafados ou não com elementos de ligação: *belo-horizontino, mato-grossense-do-sul*.

6. Emprega-se o hífen em todos os compostos que designam espécies botânicas, zoológicas, estejam ou não ligadas por preposição ou qualquer outro elemento.

ervilha-de-cheiro *bênção-de-deus*
abóbora-menina *erva-do-chá*
couve-flor *fava-de-santo-inácio*
erva-doce *bem-me-quer* (mas *malmequer*)
feijão-verde

> **Observação**
>
> Os compostos que designam espécies botânicas e zoológicas grafados com hífen pela norma descrita não serão hifenizados quando não forem aplicados com um sentido diferente: *bola-de-neve* (com hífen) significa arbusto europeu, e *bola de neve* (sem hífen) significa aquilo que cresce rapidamente.

Nas locuções

Não se emprega o hífen nas locuções substantivas, adjetivas, pronominais, adverbiais, prepositivas ou conjuncionais, salvo em algumas exceções já consagradas pelo uso (*água-de-colônia, arco-da-velha, cor-de-rosa, mais-que-perfeito, pé-de-meia, ao deus-dará, à queima-roupa*).

Exemplos de locuções que **não levam hífen**:

a) **Substantivas:** *calcanhar de aquiles, cão de guarda, arco e flecha, fim de semana, sala de jantar, pau a pique, alma danada, boca de fogo, burro de carga, juiz de paz, oficial de dia, general de divisão, folha de flandres, camisa de vênus, ponto e vírgula, fogo de santelmo, cafundó de judas, comum de dois.*

b) **Adjetivas:** *cor de vinho, cor de açafrão, cor de café com leite, à toa, sem fim (dúvidas sem fim), às direitas (pessoas às direitas), tuta e meia.*

c) **Pronominais:** *nós mesmos, cada um, ele próprio, quem quer que seja.*

d) **Adverbiais:** *depois de amanhã, à parte* (note-se o substantivo *aparte*), *à vontade, de mais* (locução que se contrapõe a *de menos;* note-se *demais*, advérbio, conjunção etc.), *em cima, por isso, à toa, tão somente, a olhos vistos, de repente, de per se.*

e) **Prepositivas:** *à parte de, abaixo de, acerca de, acima de, a fim de, a par de, apesar de, aquando de, debaixo de, enquanto a, por baixo de, por cima de, quanto a.*

f) **Conjuncionais:** *a fim de que, ao passo que, contanto que, logo que, por conseguinte, visto que.*

Observação 1

Expressões com valor de substantivo, como *deus nos acuda, salve-se quem puder, um faz de contas, um disse me disse, um maria vai com as outras* (sem vontade própria ou teleguiado), *bumba meu boi, tomara que caia,* segundo o Acordo, são unidades fraseológicas que devem ser grafadas sem hífen.

Observação 2

Igualmente, serão usadas sem hífen locuções como *dia a dia* (substantivo e advérbio), *sobe e desce, cão de guarda, pão de mel.*

Nas formações com prefixos

1. O hífen é empregado quando o primeiro elemento terminar por vogal igual à que inicia o segundo elemento.

sobre-estimar
anti-ibérico
arqui-inteligente
auto-observação

contra-almirante
eletro-ótica
semi-interno

Observação

Estão incluídos nesse princípio geral os prefixos e elementos antepositivos terminados em vogal, como: **agro-, albi-, alfa-, ante-, ântero-, anti-, arqui-, auto-, beta-, bi-, bio-, contra-, eletro-, euro-, ínfero-, infra-, íntero-, iso-, macro-, mega-, micro-, multi-, neo-, neuro-, orto-, poli-, póstero-, pseudo-, semi-, sobre-, sócio-, super-, súpero-.**

2. No caso de o primeiro elemento terminar por vogal diferente daquela que inicia o segundo elemento, não se emprega o hífen.

agroindustrial	*anteaurora*
aeroespacial	*antiaéreo*

3. Em formações com os prefixos **co-**, **pro-**, **pre-** e **re-**, estes são aglutinados com o segundo elemento mesmo quando iniciado por **o** ou **e**.

coautor	*reeleição*
coedição	*coabitar*
procônsul	*coerdeiro*
preeleito	

4. Emprega-se o hífen quando o primeiro elemento terminar por consoante igual à que inicia o segundo elemento.

ad-digital	*sub-barrocal*
hiper-requintado	

5. Emprega-se o hífen quando o primeiro elemento terminar com acentuação gráfica, como em **pós-**, **pré-**, **pró-**.

pós-graduação	*pró-ativo*
pré-escolar	*pró-europeu*
pré-história	

6. O hífen é empregado quando o primeiro elemento termina por **-m** ou **-n** e o segundo começa por **vogal**, **h**, **m** ou **n**.

pan-negritude	*pan-harmônico*
circum-escolar	*pan-mágico*

7. Emprega-se o hífen quando o primeiro elemento é um dos prefixos **ex-** (anterioridade ou cessação), **sota-**, **soto-**, **vice-**, **vizo-**.

ex-almirante	*soto-pôr* (mas, sobrepor)
sota-almirante	*vice-reitor*
sota-capitão	

8. O hífen é empregado quando o primeiro elemento termina por **sob-**, **sub-**, por **vogal**, ou pelos prefixos terminados em **-r** (**hiper-**, **super-** e **inter-**) e o segundo elemento começa por **h**.

adeno-hipófise

bio-histórico

deca-hidratado

poli-hidrite

sub-hepático

sub-humano

super-homem

Observação 1

Nos casos em que não houver perda do som da vogal final do primeiro elemento e o elemento seguinte começar com **h**, serão usadas as duas formas gráficas: *carbo-hidrato* e *carboidrato*; *zoo-hematina* e *zooematina*. Contudo, se houver perda do som da vogal do primeiro elemento, a grafia consagrada deve ser mantida: *cloridrato, cloridria, clorídrico, quinidrona, sulfidrila, xilarmônica, xilarmônico*. Permanecem como estão as palavras que já são de uso consagrado, como *reidratar, reumanizar, reabituar, reabitar, reabilitar* e *reaver*.

Observação 2

O hífen não é empregado em formações com os prefixos **des-** e **in-** quando o segundo elemento perde o **h** inicial: *desumano, desumidificar, inábil, inumano* etc.

Observação 3

Não se usa hífen com a palavra **não** com função prefixal: *não agressão, não alinhado, não beligerante, não violência, não participação*.

9. Emprega-se o hífen quando o primeiro elemento termina por **b-** (ab-, ob-, sob-, sub-) ou **d-** (ad-) e o segundo elemento começa por **b** ou **r**.

ad-renal

ad-referendar

ab-rupto

sub-reitor

sub-bar

sub-réptil

sub-bélico

sub-bosque

sub-rogar

ob-rogar

Observação

Adrenalina, adrenalite e afins já são exceções consagradas pelo uso. *Ab-rupto* é preferível a *abrupto*.

10. Não se emprega o hífen quando o primeiro elemento termina por **vogal** e o segundo começa por **r** ou **s**, devendo estas consoantes duplicar-se (uso já generalizado em palavras desse tipo e que pertencem aos âmbitos científico e técnico).

antessala

antirreligioso

contrarregra

cosseno

minissaia

Nas formações com sufixos

O hífen é empregado apenas nos vocábulos terminados pelos sufixos de origem tupi-guarani **-açu** (= grande), **-guaçu** (= grande), **-mirim** (= pequeno), quando o primeiro elemento termina por vogal acentuada graficamente ou quando a pronúncia exige a distinção gráfica dos dois elementos.

amoré-guaçu
anafá-mirim
andá-açu

capim-açu
Ceará-Mirim

VI. Classes gramaticais

substantivo	Palavra que dá nome a todos os seres, reais ou imaginários, aos sentimentos, às qualidades.	gato, casa, sonho, felicidade, Júlio, amizade, trabalho
adjetivo	Palavra que acompanha o substantivo, qualificando-o.	belo, feio, brilhante
artigo	Palavra que antecede o substantivo, modificando-lhe o sentido.	artigos definidos: o, a, os, as artigos indefinidos: um, uma, uns, umas
numeral	Palavra que indica quantidade (cardinais), ordem (ordinais), fração (fracionários) ou múltiplo (multiplicativos).	dez, dois, segundo, décimo, terço, dobro
advérbio	Palavra que modifica o sentido de um verbo, de um adjetivo ou de um outro advérbio.	bem, mais, muito, ontem, certamente, não, talvez, tão
verbo	Palavra que indica ação, estado ou fenômeno da natureza relacionado a determinado tempo.	amar, viver, sorrir, ter, chover, falar, ser, estar, ver, haver, pôr, ir
preposição	Uma espécie de "ponte" que une duas palavras entre si.	a, ante, após, até, com, contra, de, desde, em, entre, por, perante, sem, sobre, sob, trás
pronome	Palavra que substitui ou acompanha o substantivo.	eu, mim, o, meu, este, alguém, tudo, qual, que
conjunção	Palavra que tem a função de unir, de articular orações ou palavras de valor idêntico.	mas, e, pois, porque, portanto, que, logo, ou, quando, se, como, porém
interjeição	Palavra que expressa estado de espírito, emoções, sentimentos, apelos.	ora, oh!, ah!, ufa!, oba!, ei!, fora!, coragem!, viva!

VII. Pronomes

Pronome adjetivo: acompanha o nome.

Meu carro.

Aquela bicicleta.

Alguns vasos.

Pronome substantivo: substitui o nome.

Isto é **meu**.

Elas já chegaram.

Tudo acabou bem.

Tipos de pronomes

Pronomes pessoais

caso reto	caso oblíquo
1ª pess. sing.: eu	1ª pess. sing.: me, mim, comigo
2ª pess. sing.: tu	2ª pess. sing.: te, ti, contigo
3ª pess. sing.: ele/ela	3ª pess. sing.: se, si, consigo, o, a, lhe
1ª pess. plural: nós	1ª pess. plural: nos, conosco
2ª pess. plural: vós	2ª pess. plural: vos, convosco
3ª pess. plural: eles/elas	3ª pess. plural: se, si, consigo, os, as, lhes

Observações

1. Os pronomes oblíquos **o**, **a**, **os**, **as**, quando vêm ligados a uma forma verbal terminada por **r**, **s**, **z**, assumem as formas **lo**, **la**, **los**, **las**:

Não posso leva**r-o**. → Não posso levá-**lo**.

Levamo**s-as**. → Levamo-**la**.

Fi**z-a**. → Fi-**la**.

2. Quando a forma verbal termina em **m**, **ão**, **õe**, recebe as formas pronominais **no**, **na**, **nos**, **nas**:

Pegara**m-o**. → Pegara**m-no**.

Conta**rão-os**. → Contar-**nos**-**ão**.

Sup**õe-a**. → Sup**õe-na**.

Pronomes de tratamento

emprego	pronome	abreviatura
reis e imperadores	Vossa Majestade	V. M. (plural: VV. MM.)
príncipe	Vossa Alteza	V. A. (plural: VV. AA.)
papa	Vossa Santidade	V. S.
cardeais	Vossa Eminência	V. Em^a. (plural: VV. Em^{as}.)
altas autoridades: ministros, prefeitos, governadores...	Vossa Excelência	V. Exª. (plural: V. Ex^{as}.)
autoridades menores e pessoas de respeito	Vossa Senhoria	V. S^a. (plural: V. S^{as}.)
juiz	Meritíssimo	MM. ou M^{mo}.
sacerdotes e religiosos em geral	Vossa Reverendíssima	V. Rev^{ma}. (plural: V. Rev^{mas}.)
tratamento de respeito para as pessoas em geral	Senhor Senhora/Senhorita	Sr. (plural: Srs.) Sr^a. (plural: Sras.) / Sr^{ta}. (plural: Sr^{tas}.)
pessoas com quem temos mais proximidade/familiaridade	Você	V.

Pronomes possessivos

1ª pess. sing.: meu, minha, meus, minhas	1ª pess.: plural nosso, nossa, nossos, nossas
2ª pess. sing.: teu, tua, teus, tuas	2ª pess.: plural vosso, vossa, vossos, vossas
3ª pess. sing.: seu, sua, seus, suas	3ª pess.: plural seu, sua, seus, suas

Pronomes demonstrativos

este, esta, estes, estas, isto
esse, essa, esses, essas, isso
aquele, aquela, aqueles, aquelas, aquilo

Pronomes indefinidos

algum, alguma, alguns, algumas, alguém
nenhum, nenhuma, nenhuns, nenhumas, ninguém
todo, toda, todos, todas, tudo
outro, outra, outros, outras, outrem
muito, muita, muitos, muitas, nada
pouco, pouca, poucos, poucas, algo
certo, certa, certos, certas, cada

Pronomes interrogativos

que, quem, qual, quais, quanto, quanta, quantos, quantas

Pronomes relativos

o qual, a qual, os quais, as quais, que, quem
cujo, cuja, cujos, cujas
onde

VIII. Concordância verbal

Regra geral: o verbo concorda com o sujeito em número e pessoa.

Casos especiais de concordância verbal

Sujeito composto

anteposto ao verbo (antes do verbo)	O verbo fica no plural ou concorda com o substantivo mais próximo.	Ontem viajou o filho e a filha. Ontem viajaram o filho e a filha.
posposto ao verbo (depois do verbo)	O verbo segue a regra geral, ou seja, vai para o plural, concordando com os dois núcleos.	O filho e a filha viajaram.

Formado por pessoas diferentes	O verbo vai para o plural, concordando com a pessoa mais importante: - A 1ª pessoa (eu) é mais importante que a 2ª e a 3ª. - A 2ª pessoa (tu) é mais importante que a 3ª.	Eu, tu e ele fizemos a tarefa. (1ª plural) Tu e ele fizestes a tarefa. (2ª plural)
Núcleos do sujeito ligados por ou	Se a ideia expressa for de alternância ou exclusão, o verbo fica no singular; se a conjunção indicar que se refere aos dois elementos, o verbo vai para o plural.	José ou Joaquim irá me substituir hoje. Você ou seu irmão conseguirão resolver essa questão.
Núcleos do sujeito ligados por nem	Se a ação do predicado se repete para cada componente do sujeito, o verbo fica no singular.	Nem José nem Luiz conseguiu resolver essa questão.
Sinônimos ou quase sinônimos	O verbo fica no singular.	Pânico e medo nos envolveu naquele instante.
Resumidos por nada, ninguém, alguém, tudo	O verbo fica no singular.	Os gritos, o choro, a angústia, nada disso mudou sua opinião.

Sujeito simples

Nomes próprios no plural acompanhados ou não de artigo	Se vierem acompanhados de artigo no plural, o verbo fica no plural; caso contrário, ficará no singular.	Os Estados Unidos se julgam muito poderosos.
Nomes de obras artísticas ou literárias no plural	Se o nome da obra corresponde ao sujeito, o verbo ficará no plural.	Os Sertões foram escritos com paixão. Pontes de Madison é um filme lindo.
Formado pelas expressões: grande parte de, a maioria de, metade de, grande número de, seguidas de um substantivo no plural	Concordância no singular ou no plural.	A maioria dos alunos não gosta de gramática. (ou não gostam) Metade das crianças não fez a lição de casa. (ou não fizeram)
Formado por número percentual seguido de substantivo no singular	Concordância no singular ou no plural.	10% da classe se inscreveu no campeonato. (ou: 10% se inscreveram...)
Formado por número percentual seguido de substantivo no plural	O verbo irá para o plural.	10% das classes se inscreveram.

Formado pelas expressões: mais de, menos de, cerca de, indicando ideia de quantidade	O verbo concorda com o substantivo que se liga a essas expressões.	Cerca de 40 pessoas compareceram ao festival. Mais da metade faltou.
Formado por um pronome interrogativo (qual) ou indefinido (nenhum, algum) no singular seguido da expressão de nós, de vós	O verbo irá para o singular.	Quem pegou minha sacola? Nenhum de vocês sabe a resposta? Qual dos dois vai me responder?
Formado por um pronome interrogativo no plural seguido da expressão de nós, de vós	O verbo concorda com o pronome ou com a expressão que se liga a ele.	Quais de nós estamos preparados para essa tarefa? Quantos de nós virão hoje?
Pronome que (com função de sujeito)	O verbo concorda com a palavra que antecede ao pronome.	Fomos nós que chegamos tarde. Fui eu que fiz esta lição.
Pronome quem (com função de sujeito)	O verbo fica na 3ª pessoa do singular ou concorda com o termo antecedente.	Fui eu quem fez a lição. Fui eu quem fiz a lição.
Pronome de tratamento	O verbo fica sempre na 3ª pessoa do singular ou do plural.	Vossa Excelência vai viajar? Vossas Excelências vão viajar?

Casos especiais de concordância de alguns verbos

Verbo ser

Sujeito ou predicativo formado por nome de pessoa ou por um pronome pessoal	O verbo concorda com o nome de pessoa ou com o pronome pessoal.	Caio é as alegrias de sua mãe. Eles eram a grande alegria da mãe.
Se os pronomes demonstrativos isso, isto ou aquilo ou o pronome indefinido tudo formarem uma oração com o predicativo no plural	O verbo, preferencialmente, deverá concordar com o predicativo.	Aquilo são calúnias. Tudo são águas passadas. Isso são os restos dos brinquedos.
Entre um substantivo comum ou próprio e um pronome pessoal	O verbo concorda com o pronome pessoal.	Os responsáveis por esta escola somos nós.
Quando indica horas ou distância	O verbo concorda com a expressão numérica que indica as horas ou a distância.	São dez horas. É uma hora. Daqui ao colégio são três quilômetros.
Quando forma, junto com o predicativo, as expressões "é muito", "é pouco", "é menos"	O verbo permanecerá no singular (ficará invariável).	Duzentos reais é muito. Duas horas é pouco tempo.

Verbos impessoais: haver, fazer

Quando indicam tempo	O verbo fica no singular.	Faz duas horas que partiu. Há duas horas não a vejo.
Haver no sentido de **existir**	O verbo fica no singular.	Há muitas pessoas aqui.

Verbos bater, soar, dar

Quando indicam tempo	Se o sujeito não for expresso, o verbo concorda com a expressão numérica. Caso contrário concordará com o sujeito.	Soaram três horas. Deram seis horas. **O relógio** deu seis horas. **No relógio**, bateram seis horas.

IX. Concordância nominal

Regra geral: adjetivos, numerais, pronomes e artigos concordam em gênero e número com o substantivo a que se referem.

Casos especiais de concordância nominal

Quando o adjetivo está depois de dois ou mais substantivos de gêneros e números diferentes	O adjetivo concorda com o substantivo mais próximo ou fica no masculino plural.	Meu avô gosta de folhear jornais e revista velhos (ou velha).
Quando o adjetivo está anteposto a dois ou mais substantivos	Na função de adjunto adnominal, concorda com o mais próximo; na função de predicativo, concorda com o mais próximo ou com os dois.	O Brasil tem belos rios e cachoeiras. Estavam enfeitadas as ruas, as praças e os viadutos.
Quando mais de um adjetivo ou numeral refere-se a um único substantivo	O substantivo irá para o plural sem repetir o artigo, ou o substantivo irá para o singular, repetindo o artigo.	Aprendi os idiomas inglês e francês. Aprendi o idioma inglês e o francês.
É proibido, é necessário, é bom, é preciso	Essas expressões ficam invariáveis quando se referem a um substantivo que não vem acompanhado de artigo, numeral ou pronome.	É preciso calma. É proibida a entrada.
Bastante, muito, pouco, meio, caro, barato, só	Com valor de adjetivo, concorda com o substantivo a que se refere; com valor de advérbio, fica invariável.	A mãe está meio nervosa. A mãe comeu meia maçã. Estamos bastante calmos. Comi bastantes maçãs.

Incluso, anexo, obrigado, quite, mesmo, próprio	Concordam com o substantivo a que se referem.	Segue a foto anexa ao bilhete. Ela disse muito obrigada. Ele disse muito obrigado.
Menos	Considerada uma palavra invariável (não é aceita pela norma culta a forma menas).	Elas estão menos atentas. Maria estudou menos hoje.

X. Regência nominal e verbal

Regência nominal é a interdependência das palavras entre si. Relação que se constrói entre termos regentes (o que subordina) e o termo regido (subordinado) por meio de preposições.

Transitividade verbal

VI = verbo intransitivo – não pede objeto.
VTD = verbo transitivo direto – pede OD (objeto direto).
VTI = verbo transitivo indireto – pede OI (objeto indireto).
VTDI = verbo transitivo direto e indireto – pede OD e OI simultaneamente.
♦ Os pronomes O, A, OS, AS substituem o OBJETO DIRETO.
♦ Os pronomes LHE, LHES substituem o OBJETO INDIRETO.

Regência de alguns verbos

1. **Amar, ver, adorar, estimar, admirar, visitar, cumprimentar, convidar são TD.**

    Amo meu trabalho.

    Convidou-*o* para a festa.

    Cumprimentou **todas as pessoas**.

2. **Agradar**
    - VTD = fazer carinho

    Paulo sempre agrada **a namorada**.

    - VTI = satisfazer / contentar – exige a preposição **a**.

    A peça não agradou **a**os críticos.

209

3. Aspirar

- VTD = aspirar / sorver

Adoro aspirar *o perfume* das flores.

- VTI = desejar / ambicionar – exige a preposição **a**.

Luís sempre aspirou **a**o cargo de diretor executivo.

4. Assistir

- VTD = cuidar / dar assistência

O governo assiste os flagelados.

- VTI = presenciar / favorecer – exige a preposição **a**.

Assistimos **a**o jogo no estádio.

Este direito não assiste **a** ninguém.

5. Chegar / ir – exigem a preposição **a**.

Chegamos **a**o teatro atrasados.

Irei **a** sua festa sábado.

6. Esquecer, lembrar

- VTD – quando não estiverem acompanhados do pronome oblíquo (me, te, se...).

Lembrei *seu nome*.

Esquecemos *o endereço* no escritório.

- VTI – quando estiverem acompanhados do pronome oblíquo (me, te, se...) – exigem a preposição **de**.

Lembrei-**me de** seu nome.

Nós *nos* esquecemos **d**o número de seu telefone.

7. Implicar

- VTD = acarretar cuidar / dar assistência.

Toda ação implica **uma reação**.

- VTI = ter implicância – exige a preposição com.

Implicava **com** tudo e **com** todos.

8. Morar ou morador / residir ou residente / situar ou sito ou situado – exigem sempre a preposição **em**.

Resido **n**a (**em** + a) rua Carlos Manuel.

Moro em São Paulo.

O prédio está situado **n**a avenida principal.

210

9. Namorar

- VTD – não admite de forma alguma a preposição **com**.

Luísa namora **João há oito anos**.

10. Obedecer / desobedecer

- VTI – exigem a preposição **a**.

Obedeça **à norma**.

Nunca **lhe** desobedeceu.

11. Pagar, perdoar e agradecer

- VTD = relacionado a coisa. Pagamos **nossa dívida**.

O padre perdoou **a ofensa**.

Agradeceu **o prêmio**.

- VTI = relacionado a pessoa – exige a preposição **a**.

Pagamos **a**o médico ontem.

O padre perdoou **à** mulher.

Agradeceu **a**o filho por tudo.

12. Preferir – exige a preposição **a** (não admite expressões como: mais que / que / do que).

Prefiro salgado **a** doces.

Sempre preferiu Português **a** Matemática.

13. Pisar

- VTD – não admite a preposição **em**.

Pisou **o tapete** com os pés sujos de lama.

14. Querer

- VTD = desejar

Quereríamos **o bilhete premiado**.

- VTI = gostar / querer bem – exige a preposição **a**.

Quero muito **a** meus pais.

15. Responder

- VTD = usado para dar respostas grosseiras.

Gente educada não **responde** os mais velhos.

- VTI = usado para dar resposta a uma pergunta (exige a preposição **a**).

Respondemos a esse questionário ontem.

16. Ser – NÃO admite de forma alguma a preposição **em**.

Somos quarenta e cinco pessoas aqui. (Jamais: Somos em quarenta e cinco pessoas aqui.)

17. Simpatizar / antipatizar

- VTI – exige a preposição **com**. (Não admite de forma alguma pronome oblíquo.)

Simpatizo **com** ela. (Jamais: Simpatizo-me com ela.)

18. Torcer / ansiar – exigem a preposição **por**.

Torcia **por** um time fraco.

Os diretores da empresa anseiam **por** melhores resultados.

19. Visar

- VTD = pôr visto / mirar / apontar

O gerente já visou **o cheque**.

Visava **a ave** para acertá-la.

- VTI = desejar / ambicionar – exige a preposição **a**.

Viso **à universidade pública**.

Regência de alguns nomes

Substantivos

amor **a, de, para (com), por**

confiança **em**

fé **em**

gosto **por**

obediência **a**

ódio **a, contra**

preferência **a, por**

saudade **de**

Adjetivos

amável **com, para com**

atencioso **com, para com**

contente **de, em, por**

cruel **com, para, para com**

desgostoso **com, de**

fácil **de, para**

lento **em, de**

XI. Conjunções coordenativas e valores semânticos

Orações coordenadas **sindéticas** são aquelas em que há conjunção expressa.

Orações coordenadas **assindéticas** são aquelas que não vêm ligadas por conjunção.

Conjunção	Valor semântico	Classificação da oração coordenada
1. e, nem	adição – adiciona duas ou mais orações de mesmo valor sintático.	aditiva
2. mas, porém, no entanto, todavia, contudo, entretanto	oposição – articula conteúdos que se contrapõem.	adversativa
3. ou, ou... ou, ora... ora, quer... quer, já... já	exclusão – articula conteúdos que se excluem.	alternativa
4. portanto, logo, por isso, por conseguinte, assim, pois (= portanto, quando não inicia a oração coordenada)	conclusão – inicia oração que expressa uma ideia conclusiva em relação ao conteúdo da anterior à qual está ligada.	conclusiva
5. porque, pois (no início da oração coordenada), porquanto, que (= porque)	explicação – inicia oração que expressa uma ideia explicativa em relação ao conteúdo da anterior à qual está ligada.	explicativa

Orações coordenadas sindéticas

1. Aditiva
Estudei para a prova de Matemática e fiz todas as tarefas.
Nem vou estudar para a prova nem vou fazer as tarefas.

2. Adversativa
Estudei para a prova de Matemática, mas não fiz todas as tarefas.
Estudei para a prova de Matemática, porém não tirei uma boa nota.

3. Alternativa
Ou estudo para a prova ou faço as tarefas.
Ou José ou João será eleito presidente do clube.

4. Conclusiva
Estudei para a prova de Matemática, por isso tirei uma boa nota.
Segui todas as suas orientações; não tive, pois, nenhum problema.

5. Explicativa

Não tirei uma boa nota na prova, porque não estudei.
Tive muitos problemas, pois não segui suas orientações.

XII. Conjunções subordinativas e valores semânticos

Conjunção	Valor semântico	Classificação da oração coordenada
1. porque, como (= porque) já que, visto que, uma vez que etc.	causa, motivo	adverbial causal
2. se, caso, desde que, contanto que etc.	hipótese, condição	adverbial condicional
3. embora, ainda que, mesmo que, se bem que etc.	concessão, exceção	adverbial concessiva
4. conforme, como (= conforme), segundo etc.	conformidade, de acordo	adverbial conformativa
5. como, que, do que	comparação	adverbial comparativa
6. que (depois de tão / tanto / tal)	consequência, resultado	adverbial consecutiva
7. quando, assim que, logo que, enquanto, toda vez que etc.	momento em que ocorre a ação	adverbial temporal
8. a fim de que, para que, que	finalidade, objetivo	adverbial final
9. à proporção que, à medida que, quanto mais, quanto menos etc.	duas ações que acontecem ao mesmo tempo	adverbial proporcional

Orações subordinadas adverbiais

1. Causal

Como **chovia**, fiquei em casa.
Não fui à festa *porque* **adoeci**.
Já que **me convidou**, eu aceito.

2. Condicional

Se **você for**, irei também.
Dançarei sem Pedro, *caso* **ele não venha**.
Aceito suas desculpas, *desde que* **sejam sinceras**.

3. Concessiva

Embora **não pareça**, José é rico.

Ainda que **viva cem anos**, não o entenderá.

A notícia, *se bem que* **mentirosa**, causou grande impacto.

4. Conformativa

Fizemos tudo *como* **o combinado**.

Que seja tudo *conforme* **Deus quiser**!

Segundo **penso**, ele virá.

5. Comparativa

Nada enfurece tanto *como* **a verdade**.

Pascoal é tão inteligente *quanto* **seu irmão**.

Este engenheiro fez a planta melhor *que* **o outro**.

6. Consecutiva

Choveu tanto *que* **ficamos ilhados**.

É tão agressivo *que* **afasta as pessoas**.

Gosto tanto dela *que* **é um desespero**.

7. Temporal

Quando **o vir**, dê-lhe meu recado.

A gente vive *enquanto* **ama**.

Iremos *assim que* **acordarmos**.

8. Final

Fez-lhe sinal *a fim de que* **parasse**.

Levantei-me *para que* **ela sentasse**.

9. Proporcional

Quanto mais **temos,** mais queremos.

À medida que **o vejo**, mais o amo.

A temperatura caía *à proporção que* **subíamos**.

Orações subordinadas substantivas

As orações subordinadas substantivas são introduzidas pelas conjunções integrantes **que** e **se** (às vezes pelos pronomes indefinidos **quem, qual, quanto, que** e pelos advérbios **como, quando, onde, porque, quão**).

1. **Subjetiva** – funciona como sujeito do verbo da oração principal.

    É preciso **que o filho venha hoje**.

    Provou-se **que o réu era inocente**.

2. **Objetiva direta** – funciona como objeto direto do verbo da oração principal.

    Soube **que todos foram presos**.

    Não pense **que roubei o anel**.

3. **Objetiva indireta** – funciona como objeto indireto da oração principal (regida de preposição).

    Aconselhou-me **a que saísse**.

    A mãe esqueceu-se **de que o pão acabara**.

4. **Predicativa** – funciona como predicativo do sujeito da oração principal.

    Minha vontade é **que estude alemão**.

    A verdade é **que o prédio tremeu**.

5. **Completiva nominal** – funciona como complemento nominal da oração principal.

    O gato tinha certza **de que o rato fugira**.

    Estava certo **de que venceria o jogo**.

6. **Apositiva** – funciona como aposto.

    A ordem era esta: **que todos falassem**.

    A dor era uma só: **que sentia saudades**.

Orações subordinadas adjetivas

As orações subordinadas adjetivas são introduzidas pelas pronomes relativos **que, quem, o qual, a qual, os quais, as quais, onde, como**.

1. **Explicativa**

    Pelé, **que é empresário**, foi jogador.

    Os alunos, **que não estudaram**, ficaram retidos.

2. **Restritiva**

    A revista **que traz sua foto** é colorida.

    Ave **que não voa** é presa fácil.

Orações subordinadas substantivas

As orações subordinadas substantivas são introduzidas pelas conjunções integrantes **que** e **se** (às vezes pelos pronomes indefinidos **quem, qual, quanto, que** e pelos advérbios **como, quando, onde, porque, quão**).

1. **Subjetiva** – funciona como sujeito do verbo da oração principal.

    É preciso **que o filho venha hoje**.

    Provou-se **que o réu era inocente**.

2. **Objetiva direta** – funciona como objeto direto do verbo da oração principal.

    Soube **que todos foram presos**.

    Não pense **que roubei o anel**.

3. **Objetiva indireta** – funciona como objeto indireto da oração principal (regida de preposição).

    Aconselhou-me **a que saísse**.

    A mãe esqueceu-se **de que o pão acabara**.

4. **Predicativa** – funciona como predicativo do sujeito da oração principal.

    Minha vontade é **que estude alemão**.

    A verdade é **que o prédio tremeu**.

5. **Completiva nominal** – funciona como complemento nominal da oração principal.

    O gato tinha certza **de que o rato fugira**.

    Estava certo **de que venceria o jogo**.

6. **Apositiva** – funciona como aposto.

    A ordem era esta: **que todos falassem**.

    A dor era uma só: **que sentia saudades**.

Orações subordinadas adjetivas

As orações subordinadas adjetivas são introduzidas pelas pronomes relativos **que, quem, o qual, a qual, os quais, as quais, onde, como**.

1. **Explicativa**

    Pelé, **que é empresário**, foi jogador.

    Os alunos, **que não estudaram**, ficaram retidos.

2. **Restritiva**

    A revista **que traz sua foto** é colorida.

    Ave **que não voa** é presa fácil.

    É preciso *mostrar*-lhe quem manda.

    Saí, *deixando*-os a sós.

- Verbo no imperativo.

Procure-as na cozinha.

Ajudem-no.

Ocorre a mesóclise

Somente quando o verbo estiver no **futuro** (do presente ou do pretérito) e **iniciar** o período.

Dir-lhe-ei a verdade.

Ser-me-ia bom viajar agora.

Colocação pronominal em locuções verbais

- O pronome pode vir antes, depois ou entre os dois verbos quando a locução verbal for:

a) verbo no infinitivo

O rapaz *deve casar-se* hoje.
O rapaz *deve se casar* hoje.

b) verbo no gerúndio

A criança *está acalmando-se*.
A criança *está se acalmando*.

- O pronome pode vir **antes** ou **entre** os verbos quando a locução verbal for com verbo no **particípio.**

Eu *tenho* **me** *divertido* muito aqui.
Eu **me** *tenho divertido* muito aqui.

> **Observação**
> Não se coloca o pronome depois do particípio.

XIV. Radicais

radical	significado	exemplos
aéros	ar	aeródromo, aerofobia, aerovia
agros	campo	agronomia, agronometria, agrônomo
anthropos	homem	antropologia, antropófago
arquia	governo	monarquia, oligarquia, anarquia
autos	próprio, de si mesmo	autobiografia, autodomínio, automóvel
biblion	livro	biblioteca, bibliografia, bibliófilo
bios	vida	biologia, micróbio, biografia

cronos	tempo	cronômetro, cronologia, cronograma
demos	povo	democracia, demografia, epidemia
dinamis	força, energia	dínamo, dinamômetro, dinâmica
dromo	lugar onde se corre, corrida	autódromo, hipódromo, dromoterapia
enteron	intestino	disenteria, enteróclise
éthnos	povo, raça	etnologia, étnico, etnogenia
gamos	casamento	monogamia, poligamia, bígamo
gaster	estômago	gastroenterologia, gastrônomo, gastrite
geo	terra	gerafia, geologia, geofagia
graphein	escrita, escrever	ortografia, caligrafia, grafologia
gymnos	nu	ginásio, gimnofobia, gimnodonte
gyne, gynalkós	mulher	ginecofobia, ginecologista
hippós	cavalo	hipopótamo, hipódromo, hipocampo
homos	semelhante	homófono, homógrafo, homônimo
hydros	água	hidrografia, hidrofobia, hidróbio
kallós	belo, bonito	caligrafia, calidoscópio
kakós	mau	cacofonia, cacoete, cacografia
karpós	fruto	epicarpo, carpófago
klepto	furto	cleptomaníaco, cleptofobia
kosmos	mundo	cosmologia, cosmopolita, cosmografia
kratos	governo	democracia, tecnocracia
lithos	pedra	litografia, litologia, aerólito
logos	estudo, conhecimento	morfologia, biologia, geologia
makro	grande	macrobiótico, macróbio, macropsia
mania	loucura, tendência	cleptomania, megalomania
métron	medida	termômetro, perímetro, hidrômetro
mikrós	pequeno	micróbio, microfilme, microfonia
mónos	um só	monogamia, monarca, monólogo
morphé, morphos	forma	morfologia, amorfo, metamorfose
néos	novo	neologismo, neofobia, neoclássico

néuron	nervo	neurologia, neurite
nomos	lei, conhecedor	autonomia, agrônomo, gastrônomo
odontos	dente	odontologia, odontalgia
onymia	nome	pseudônimo, homônimo, anônimo
ophthalmós	olhos	oftalmologia, oftalmia
orthós	direito, correto	ortografia, ortopedia, ortodontia
phagos	o que come	antropófago, geofagia
philos	amigo	filantropia, filosofia, filarmônico
phobos	medo, horror	hifrofobia, aerofobia, ginecofobia
phoné	som	telefone, fonologia
polis	cidade	metrópolis, Florianópolis
polys	muitos	poligamia, polissílaba, politeísmo
potamós	rio	hipopótamo, mesopotâmia
psyché	alma	psicologia, metempsicose
pyrós	fogo, febre	pirotecnia, antipirina
tékne	arte, ofício	pirotecnia, tecnologia, politécnico
téle	longe	televisão, telefone, telegrama
theke	coleção, depósito	biblioteca, discoteca
théos	deus	teologia, politeísmo, ateu
thermós	quente	termômetro, térmico, termostato
topos	lugar	toponímia, topografia, utopia
zoon	animal	zoologia, epizootia

XV. Afixos (prefixos/sufixos)

Prefixos gregos

prefixos	significado	exemplos
a-, an-	negação, privação	ateu, apolítico, anormal
ana-	afastamento, inversão	anarquia, anacrônico
anfi-	duplicidade	anfíbio, anfiteatro

anti-	oposição	antídoto, antibiótico
apo-	separação	apogeu, apofonia
arqui-	superioridade, principal	arquibancada, arquipélago
cata-	movimento de cima para baixo	catarata, catadupa
di-	duplicidade, intensidade	dilema, ditongo
dis-	dificuldade	disenteria, dispneia
dia-	através de	diálogo, diagrama
epi-	posição superior	epiderme, epitáfio
ex-	movimento para fora	exportar, êxodo
hemi-	metade, meio	hemisfério, hemiciclo
hiper-	excesso	hiperácido, hipérbole
hipo-	posição inferior	hipoteca, hipotenusa
meta-	além de, mudança	metamorfose, metafísica
para-, par-	junto de, semelhante	parágrafo, parônimo
peri-	em torno de	periferia, perímetro
pró-	antes, movimento para a frente, a favor de	programa, prosseguir, pró-russo
sim-, sin-, si-	reunião, simultaneidade	simpatia, síntese, sílaba

Sufixos nominais

sufixo	significado	exemplos
-ada, -agem, -al, -alha, -ama	agrupamento	fornada, folhagem, parentalha, laranjal, dinheirama
-aço, -aça, -arra, -orra, -aréu, -ázio, -ão	aumentativo	ricaço, barcaça, bocarra, cabeçorra, fogaréu, copázio
-acho, -ejo, -ela, -eta, -ico, -isco, -zinho, -zito, -ote, -culo, -ucho	diminutivo	riacho, lugarejo, magricela, saleta, chuvisco, glóbulo, pezinho, gotícula, gorducho

-dade, -ção, -ança, -ez, -eza, -ície, -mento, -ude, -ura	ação, qualidade, estado	bondade, poluição, parecença, viuvez, pobreza, calvície, casamento, brancura
-aria, -eria	estabelecimento comercial, ação	pedraria, gritaria, livraria
-ário, -eiro, -dor, -ista, -sor, -tor, -nte	profissão, agente	secretário, padeiro, professor, cantor, sambista
-douro, -torio	lugar	bebedouro, escritório
-ano, -ão, -ense, -eiro, -eu, -ino, -ês, -esa, -ista	origem, naturalidade, nacionalidade	sergipano, cearense, brasileiro, europeu, londrino, japonesa, campista
-oso, -udo	abundância	maravilhoso, gostoso, barbudo
-imo, -érrimo, -íssimo	excesso, superlativo	dificílimo, nigérrimo, lindíssima
-ia, -ismo	ciência, sistema político ou religioso, escola	anatomia, comunismo, catolicismo, romantismo, realismo
-ite	inflamação	rinite, gastrite, sinusite
-ose	estado mórbido, ação	cirrose, trombose, endosmose
-vel	possibilidade de praticar ação, estado, quantidade	audível, admirável, razoável, amigável

Sufixos verbais

sufixo	significado	exemplos
-ar, -er, -ir, izar, -entar	ação	cantar, correr, memorizar, apoquentar
-ecer	início de ação, mudança de estado	amanhecer, envelhecer, escurecer, florescer
-ejar, -itar, -ilhar, -ear, -açar	frequência, permanência	festejar, agitar, fervilhar, clarear
-icar, -itar, iscar, -inhar	ação pouco intensa	adocicar, saltitar, chuviscar, espezinhar

Sufixo adverbial

-mente	modo (geralmente)	francamente, sabiamente

Prefixos latinos

prefixo	significado	exemplos
ab-, abs-	afastamento, separação	abdicar, abstênio
ad-, a-	aproximação, direção, adicionamento	adjunto, advérbio, apor
ambi-	duplicidade	ambidestro, ambíguo
ante-	anterior	antepor, antebraço
bi-, bis-, bin-	duplicidade	bicampeão, bisavó, binóculo
com-, con-, co-	companhia, combinação	companheiro, coautor, concordância
contra-	oposição, contrário	contradizer, contra-atacar
de-, des-, dis-	negação, movimento para baixo, afastamento	desleal, deslocar, dissidente, decair
ex-, es-, e-	movimento para fora, mudança, separação	exportar, ex-aluno, esvaziar, evadir
extra-	superioridade, posição exterior	extraordinário, extraclasse
in-, im-, i-, en-	movimento para dentro	ingerir, importar, enterrar
in-, im-, i-	negação	incerteza, impróprio, ilegal
pré-, pre-	anterioridade, superioridade	pré-história, pré-vestibular, preconceito, predileto
pro-	antes, movimento para frente, a favor de	programa, prosseguir
re-	repetição, movimento para trás	refazer, regredir, reeditar
semi-	metade	semicírculo, seminu
super-, sobre-	posição superior	superprodução, super-homem, sobrevoar
trans- tras-, tra-	movimento através de, mudança de estado	transbordar, transformar, traduzir
ultra-	posição além do limite	ultramar, ultrassensível
vice-, vis-	substituição, em lugar de	vice-governador, vice-presidente, visconde

XVI. Figuras de linguagem

1. Metáfora: comparação implícita, relação de semelhança, que resulta na atribuição de novos sentidos às palavras.

"Amor é fogo que arde sem se ver [...]" (Camões)

"Amar é mudar a alma de casa." (Mário Quintana)

2. Comparação: há sempre dois seres, objetos ou ideias expressos, ligados por uma palavra comparativa (como, tal, qual etc.) que estabelece uma relação de semelhança entre eles.

Meu coração é como um almirante louco.

"És na minha vida como um luminoso Poema que se lê comovidamente." (Manuel Bandeira)

3. Metonímia: substituição de uma palavra por outra, mantendo entre elas uma relação de proximidade de sentido.

Há metonímia quando se emprega:

- a marca pelo produto.

Tomamos uma **Brahma**. (Brahma = cerveja)

Cortou-se com uma **gilete**. (gilete = lâmina)

- o autor pela obra.

Adoro ler **Machado de Assis**. (= obra de Machado de Assis)

Tenho um **Van Gogh** em casa. (= quadro de Van Gogh)

- o lugar pelo produto.

Trouxe de lembrança um **panamá**. (panamá = um tipo de chapéu)

Vamos tomar **champanha** hoje? (champanha = vinho da cidade de Champanha)

A **velhice** é prudente. (velhice = velhos)

Ter ótima **cabeça**. (cabeça por inteligência)

- o instrumento pela profissão.

Não quis ser professor, preferiu o **bisturi**. (bisturi = médico)

Jucélio é uma **pena** brilhante. (pena = escritor)

4. Catacrese: é o emprego impróprio de um termo, por não existir outro mais adequado.

Cuidado com o **pé** da cadeira. Está quebrado.

Não sente no **braço** da poltrona.

5. Prosopopeia (ou personificação): quando atribuímos a animais ou seres inanimados ações e sentimentos próprios do ser humano.

O vento **acariciava** seu rosto.

A lua **assistia** ao amor dos namorados.

6. Elipse: a omissão de palavra ou expressão facilmente subentendida.

(**Ele**) Saiu sem se despedir.

Quanta gente aqui. (Quanta gente **há** aqui.)

7. Perífrase: consiste no emprego de muitas palavras para definir, explicar, qualificar seres, objetos, conceitos etc.

Amigos do alheio. (= ladrões)

País do sol nascente. (= Japão)

8. Antítese: palavras ou expressões de sentido contrário.

"Bebo silenciosamente a essa imagem da **morte** e da **vida**." (Rubem Braga)

"Antes, todos os caminhos **iam**.

Agora todos os caminhos **vêm**." (Mário Quintana – "Envelhecer")

9. Hipérbole: é o exagero intencional.
Já pedi isso **mil** vezes a você.
Estou **morto** de sede.

10. Eufemismo: suavização de expressões desagradáveis.

Foi inaugurada uma escola para crianças **especiais**. (= retardadas)

Naquela terrível luta, muitos **adormeceram para sempre**. (= morreram)

11. Pleonasmo: consiste na repetição de uma ideia.

Viveu uma **vida** bem interessante.

"Como **beber** dessa **bebida** amarga Tragar a dor, engolir a labuta." (Chico Buarque)

12. Polissíndeto: repetição da conjunção. (geralmente **e**)

As crianças falavam **e** cantavam **e** riam felizes.

"Vão chegando as burguesinhas pobres,

e as crianças das burguesinhas ricas,

e as mulheres do povo, **e** as lavadeiras da redondeza." (Manuel Bandeira)

13. Silepse: concordância feita pelo sentido que as palavras expressam.
- **de gênero:** masculino – feminino ou vice-versa

A gente, às vezes, fica **nervoso** com isso.
- **de número:** singular – plural.

O bando **dispersou**-se e **sumiram** no mato.
- **de pessoa:** 3ª do plural (eles) – 1ª do plural (nós)

Os professores irão embora e **os alunos ficaremos** aqui.

14. Ironia: sugere o contrário do que se afirma.

Ela é **linda:** espanta até os postes.

Que **belo** papel você fez ontem na festa!

15. Aliteração: repetição de um som consonantal em uma sequência de palavras.

"A **c**or a **c**oragem

Cora **c**oração [...]" (Chico Buarque)

Glossário

Agaloado: bordado com galões (tiras de tecido bordadas com fios dourados).

Andrajos: trapos, roupas muito velhas e rasgadas.

Bandulho: ventre pronunciado; barriga, pança.

Botina: bota de cano baixo, geralmente usada por crianças e mulheres.

Bulevar: rua ou avenida larga.

Cambados: trocados, invertidos.

Castas: quaisquer grupos sociais, ou sistema rígido de classe social.

Chapa: amigo, camarada.

Chapim: calçado de sola grossa (de madeira, cortiça etc.), usado para realçar a estatura das mulheres.

Coxilha: extensão de terra com elevações, o que forma uma espécie de ondulação e na qual se desenvolve a atividade pastoril.

Deambulante (do verbo **deambular**): que caminha sem direção determinada.

Debuxos: esboços.

Deleite sádico: satisfação maldosa, perversidade.

Eflúvios: perfumes.

Em relutância: relutantemente, com resistência.

Embaciou-se-lhe (do verbo **embaciar**): obscureceu-se-lhe, embaçou-se-lhe.

Enrodilhavam (do verbo **enrodilhar**): envolviam.

Epítetos: qualificações elogiosas ou pejorativas dadas a alguém; alcunha, apelido.

Esplanada: terreno plano, largo, extenso, em frente a um edifício importante.

Está nas tintas: assume uma atitude de despreocupação, indiferença.

Fato: roupa, vestimenta.

Gororoba: almoço ou jantar; comida, boia, rango.

Ignoto: desconhecido.

Incursão involuntária: passagem rápida por um lugar, sem querer.

Lacaio: criado, acompanhante.

Laivo: marca, sinal, mancha.

Mancebo: jovem, moço.

Melindre: sentimento de vergonha; pudor, recato, escrúpulo.

Opaco: confuso, sem entender.

Otomana: sofá baixo e grande, em que cabem várias pessoas ao mesmo tempo.

Poeta de ceiró e torquês: pessoa com habilidade manual, que faz trabalhos manuais tão benfeitos que por isso é chamada de poeta.

Réplica: resposta; contestação, refutação.

Sainete: graça.

Silfo: gênio do ar, na mitologia céltica e germânica da Idade Média.

Soalheiras: exposições aos raios solares.

Sofrear: fazer parar ou diminuir a marcha de um cavalo.

Veleidade: vontade; fantasia; tendência.

Vitória: carruagem para dois passageiros, com quatro rodas e cobertura dobrável.

Indicação de leituras complementares

Unidade 1
Capítulo 1

Histórias extraordinárias. Edgar Allan Poe. São Paulo: Martin Claret, 2002.

Laços de família. Lygia Fagundes Telles. Rio de Janeiro: Nova Fronteira, 1993.

Melhores contos. Lygia Fagundes Telles. São Paulo: Global, 2003.

Poemas e ensaios. Edgar Allan Poe. São Paulo: Global, 1999.

Capítulo 2

Um certo capitão Rodrigo. Érico Veríssimo. São Paulo: Companhia das Letras, 2004.

> No ano de 1828, em uma cidade do interior do estado do Rio Grande do Sul, um forasteiro chama a atenção de todos. Rodrigo Cambará não parece se adaptar muito bem ao povoado de Santa Fé, onde todos parecem seguir rigorosamente a vontade do tirânico coronel Ricardo Amaral Neto. Mas, quando Rodrigo conhece Bibiana Terra, resolve ficar de vez na aldeia. Parte da trilogia *O tempo e o vento*, *Um certo capitão Rodrigo*, em meio à ficção, trata de fatos da história brasileira do século XIX.

A língua absolvida. Elias Caneti. São Paulo: Companhia das Letras, 1987.

A mão e a luva. Machado de Assis. São Paulo: Companhia Editora Nacional, 2004.

Cântico de Natal – os carrilhões. Charles Dickens. São Paulo: Martin Claret, 2004.

Incidentes em Antares. Érico Veríssimo. São Paulo: Companhia das Letras, 2005.

Senhora. José de Alencar. São Paulo: Companhia Editora Nacional, 2004.

Memórias póstumas de Brás Cubas. Machado de Assis. Roteiro e ilustrações de Sebastião Seabra. São Paulo: Escala Educacional, 2008.

> *Memórias póstumas de Brás Cubas* é considerado um dos mais importantes romances brasileiros de todos os tempos. Sua originalidade começa pelo narrador, que é um defunto que começa a contar sua história depois de morrer. Para muitos a obra máxima da literatura brasileira, inaugura no Brasil uma corrente literária: a do Realismo. Nessa adaptação para quadrinhos, mantém-se a fidelidade ao original.

Unidade 2
Capítulo 1

E agora, mãe? Isabel Vieira. São Paulo: Moderna, 1998.

Amor de Capitu. Fernando Sabino. São Paulo: Ática, 2000.

Amor de verão. Álvaro Cardoso Gomes. São Paulo: Moderna, 1992.

Antologia poética. Fernando Pessoa. São Paulo: Moderna, 1994.

Antologia poética. Vinicius de Moraes. São Paulo: Companhia das Letras, 2000.

Balança coração. Walcyr Carrasco. São Paulo: Ática, 1999.

Cânticos. Cecília Meireles. São Paulo: Moderna, 1990.

Cartas de amor a Heloísa. Graciliano Ramos. Rio de Janeiro: Record, 1996.

Contos de amor novo. Edson Gabriel Garcia. São Paulo: Ática, 2000.

História de amor. Lygia Fagundes Telles e outros. São Paulo: Ática, 2000.

Uma história de amor. Lino de Albergaria. São Paulo: Moderna, 1995.

Nariz de vidro. Mário Quintana. São Paulo: Moderna, 1990.

Os nomes do amor. Marcos Bagno; Stela M. Rezende. São Paulo: Moderna, 1996.

Olhai os lírios do campo. Érico Veríssimo. São Paulo: Globo, 1982.

Poética: como fazer versos. Vladimir Maiakovski. São Paulo: Global, 1991.

Primeira vez. Ivan Jaf. São Paulo: Moderna, 1996.

Sem medo de amar. Stela Maris Rezende. São Paulo: Moderna, 1990.

Capítulo 2

99 filmes clássicos para apressadinhos. Henrik Lange e Thomas Wegelewski. Rio de Janeiro: Galera Record, 2011.

> Nesse livro, dois cartunistas suecos fazem uma espécie de versão resumida em quadrinhos de 99 dos filmes mais famosos de todos os tempos. Claro que essas versões não substituem as obras originais, mas são bastante divertidas e despertam a curiosidade por esses 99 filmes clássicos.

Como fazer um filme de amor. Luiz Moura; José Roberto Torero. São Paulo: Imprensa Oficial do Estado de São Paulo/Fundação Padre Anchieta, 2004.

O garoto da novela. Walcyr Carrasco. São Paulo: Moderna, 1996.

Jornal: (In) Formação. Cecília Pavani. Campinas: Papirus, 2003.

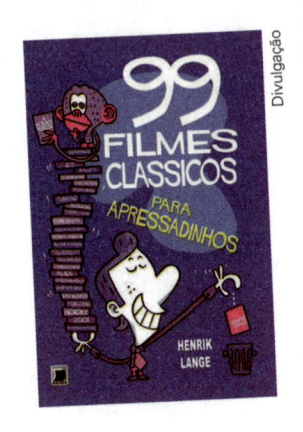

Manual de roteiro. Leandro Saraiva; e Newton Cannito. São Paulo: Conrad/Ed. Bélgica, 2004.

Prática do roteiro cinematográfico. Jean-Claude Carrièrre e Pascal Bonitzer. São Paulo: JSN Ed., 1996.

O clube do filme. David Gilmour. Rio de Janeiro: Intrínseca, 2009.

> O filho de 15 anos de David Gilmour ia muito mal na escola. Ele próprio não estava muito bem, sem trabalho fixo e com o dinheiro curto. Diante da desorientação e da infelicidade desse filho-problema, o pai faz uma oferta fora dos padrões: o garoto deveria assistir semanalmente a três filmes escolhidos pelo pai e juntamente com ele. Com essa aposta diferente na recuperação e na formação de um rapaz que está "perdido", formaram o clube do filme. Semana a semana, lado a lado, pai e filho viveram uma incrível jornada.

Televisão. A vida pelo vídeo. Ciro Marcondes Filho. São Paulo: Moderna, 1996.

O texto na TV. Vera Íris Paternostro. Rio de Janeiro: Campus, 1999.

Filmes

Abril despedaçado. Direção: Walter Salles. Brasil, 2001.

Central do Brasil. Direção: Walter Salles. Brasil, 2004.

O carteiro e o poeta. Direção: Michael Radford. França/Itália/Brasil, 1994.

Olga. Direção: Jayme Monjardim. Brasil, 2004.

Sonhos. Direção: Akira Kurosawa. EUA/Japão, 2001.

Unidade 3
Capítulo 1

Capitães de areia. Jorge Amado. Rio de Janeiro: Record, 2000.

Cenas urbanas. Júlio Emílio Braz. São Paulo: Scipione, 2002.

A fúria do mundo. Carlos Augusto Segato. São Paulo: Moderna, 1996.

De mãos atadas. Álvaro Cardoso Gomes. São Paulo: Ática, 2004.

Melhores dias virão. Giselda Laporta Nicolelis. São Paulo: Ática, 2002.

As cem melhores crônicas brasileiras. Joaquim Ferreira dos Santos (Org.). Rio de Janeiro: Objetiva, 2007.

> Essa edição é uma das mais amplas antologias de crônicas brasileiras. No nosso país, esse gênero é bastante cultivado, e dedicaram-se a ele escritores da qualidade de Machado de Assis, Clarice Lispector, Rubem Braga e Carlos Drummond de Andrade. A edição inclui também novíssimos cronistas, como Antonio Prata.

Capítulo 2

A escrava Isaura. Bernardo Guimarães. São Paulo: Companhia Editora Nacional, 2005.

Irmão negro. Walcyr Carrasco. São Paulo: Moderna, 1995.

Lucíola. Machado de Assis. São Paulo: Companhia Editora Nacional, 2005.

Os melhores contos de Rubem Braga. Rubem Braga. Seleção de David Arriguci Jr. São Paulo: Global, 1985.

Na cor da pele. Júlio Emílio Braz. Rio de Janeiro: José Olympio, 2005.

O nariz e outras crônicas. Luis Fernando Verissimo. São Paulo: Ática, 2003. (Para Gostar de Ler, 29).

Nós e os outros. Lima Barreto; Graciliano Ramos; Gonçalves Dias. São Paulo: Ática, 2003. (Para Gostar de Ler 29).

Pretinha, eu? Júlio Emílio Braz. São Paulo: Scipione, 2002.

Sites

Gente que faz a paz: <www.gentequefazapaz.org.br>. Acesso em: 12 mar. 2012.

Viva Rio: <www.vivario.org.br>. Acesso em: 12 mar. 2012.

Unidade 4
Capítulo 1

Brasil, outros 500. Paulo Henrique Góes. São Paulo: Ed. Brasil, 2000.

Cenas brasileiras. Rachel de Queiroz. São Paulo: Ática, 2003.

História da nossa história. Viriato Corrêa. São Paulo: Companhia Editora Nacional, 2002.

Meu Brasil brasileiro. Alexandre Calais et al. São Paulo: Companhia Editora Nacional, 2004.

Noções de coisas. Darcy Ribeiro. São Paulo: FTD, 1995.

O vampiro que descobriu o Brasil. Ivan Jaf. São Paulo: Ática, 2000.

Filme

O povo brasileiro. Direção: Isa Grinspum Ferraz. Brasil, 2000.

Capítulo 2

Quem me dera ser feliz. Júlio Emílio Braz. São Paulo: Ed. Brasil, 2001.

Seu diploma, sua prancha – como escolher a profissão e surfar no mercado de trabalho. R. B. Macedo. São Paulo: Saraiva, 1998.